现代教育理念下的体育教学方法研究

易 娟 姜英慧 麻振旭 著

中国纺织出版社有限公司

图书在版编目（CIP）数据

现代教育理念下的体育教学方法研究 / 易娟, 姜英慧, 麻振旭著. -- 北京：中国纺织出版社有限公司, 2023.2

ISBN 978-7-5229-0347-7

Ⅰ.①现… Ⅱ.①易… ②姜… ③麻… Ⅲ.①体育教学—教学法—高等学校 Ⅳ.①G807.04

中国国家版本馆 CIP 数据核字（2023）第 026478 号

责任编辑：张 宏　　责任校对：高 涵　　责任印制：储志伟

中国纺织出版社有限公司出版发行
地址：北京市朝阳区百子湾东里 A407 号楼　邮政编码：100124
销售电话：010—67004422　传真：010—87155801
http://www.c-textilep.com
中国纺织出版社天猫旗舰店
官方微博 http://weibo.com/2119887771
天津千鹤文化传播有限公司印刷　各地新华书店经销
2023 年 2 月第 1 版第 1 次印刷
开本：787×1092　1/16　印张：13.75
字数：180 千字　定价：98.00 元

凡购本书，如有缺页、倒页、脱页，由本社图书营销中心调换

前言 FOREWORD

在现代学校教育发展的背景下，体育教学的改革与发展更加侧重于理论与实践相结合，从原来比较单一的形式不断转变为综合性发展的形式。在现代教育背景下，创新式教育雨后春笋般层出不穷，这些理念不仅独具特色、各具优势，而且体育教学在现代化教育理念的引领下，不断突破原有的教学形式，创建出促进其自身发展的模式。

体育教学活动包含了较多要素，其中体育教学思想、教学方法以及教学目标等都属于非常重要的组成部分，在不断探索现代教育理念的体育教学中，我们不难发现，它不仅可以促进体育教师转变自己的教学思想、提高自己教学的效率与质量，而且对于营造一个健康的体育教学氛围也有帮助，同时，这样的模式，可以培养学生独立思考以及不断探索求知的能力，帮助他们树立良好的人生观、价值观以及学习观。但是，就现在各高校的体育教学而言，在体育教学活动中还存在着很多弊端与问题，这些弊端与问题在一定程度上制约着我国体育教学的发展与进步。所以，我们需要不断认清现代教育的发展形势，进行现代教育思想改革，抓住现代教育思想科学指导的机遇，优化教学体系，不断实现体育教学的新目标，为全面发展我国体育教学事业付出努力。

本书分为五章。第一章主要概括现代教育理念与体育教师现代教育思想转变，让读者对于现代教育理念有一个简单的了解；第二章是对现代教育理念下体育教学创新发展的研究，探索现代教育理念下的体育教学所受的影响；第三章是对体育教学方法发展与选择进行的研究，主要包含对体育教学内容的解析，另外对体育教学方法的影响因素也进行了深刻探讨；第四章是对高校体育教学典型模式与创新发展的研究，其中包含了自主教学模式、合作教学模式、快乐教学模式以及俱乐部教学模式等七种高校体育教学模式内容；第五章是对现代高校体育教学信息化理论与建设的研究，以信息化改革为切入点，深刻探索信息化系统建设的内容。本书主要从现代教育思想的视角出发，结合高校体育教学的实践活动，用科学的教育思想引领高校体育教学。将现代教育思想与高校体育教学两大体系相结合，加深人们对体育教育理念与实践的不断思考。

本书在撰写过程中，在内容上做到了理论与实践相结合，内容翔实，有理有据，能够被广大读者所接受，本书中所提出的教学方法以及提升技巧均具备可行性，具有重要的学习价值。在编写过程中，笔者参阅了大量体育教学相关领域专家、学者的著作和文献，学习和吸取了经验，同时得到了经验丰富的学者的大力支持，在此一并表示衷心感谢。

限于笔者的水平和经验，本书难免存在不足之处，敬请广大读者批评指正。

作者

2022 年 8 月

目录
CONTENTS

第一章　绪　论 ……………………………………… 1
 第一节　现代教育理念的内涵 ……………………… 2
 第二节　现代教育理念下的观念发展 ……………… 7
 第三节　儒家教育理念对现代教育的影响 ………… 34
 第四节　体育教师现代教育理念的转变 …………… 39

第二章　现代教育理念下体育教学的创新发展 ……… 43
 第一节　体育教学的基本理论知识 ………………… 44
 第二节　体育教学活动开展的基本原则 …………… 64
 第三节　现代人文主义思想对体育教学的促进 …… 70
 第四节　现代教育理念下体育教学的发展方向 …… 72

第三章　体育教学方法发展与选择研究 ……………… 77
 第一节　体育教学方法内容概述 …………………… 78
 第二节　体育教学方法的发展与设计理念 ………… 82
 第三节　体育教学方法的影响因素分析 …………… 90
 第四节　体育教学方法的选择运用方式 …………… 95

第四章　高校体育教学典型模式与创新发展 ………… 101
 第一节　高校体育教学模式现状 …………………… 102
 第二节　高校体育教学典型模式分类概述 ………… 107
 第三节　高校体育教学模式的整体优化 …………… 140

第四节　高校体育教学模式的创新改革 …………… 146

第五章　现代高校体育教学信息化理论与建设 ……… 151

第一节　信息化教学基本理论研究 ……………… 152

第二节　高校体育教学信息化现状 ……………… 181

第三节　高校体育教学信息化改革探讨 …………… 184

第四节　高校体育教学信息化系统建设 …………… 191

参考文献 ……………………………………… 206

第一章

绪 论

教育是人类社会永恒的话题，进入新时期以后，随着教育改革的不断发展，教育理念的先导性已经成为我国现代教育改革过程的重要特征。现代教育观念的发展与转变是提高教师素质的核心要素。

第一节　现代教育理念的内涵

一、教育理念概述

从广义上讲，教育理念是关于教育的一般原理和规律的理想的观念。当代教育家在总结前人教育思想的基础上，以社会未来人才需求为前提，形成了对教育未来发展的认识理念。他们指出："所谓教育理念，是指关于教育未来发展的理想的观念，它是未来教育发展的一种理想的、永恒的、精神性的和终极的范型。"现代教育理念为我们提出了教育的理想模式，它作为社会文化的典型代表，保持着对社会政治、经济、文化发展的前瞻性。

经过对教育实践和教育理论的长期深入研究，人们给现代教育理念赋予了比较深刻的思想内涵。一方面，在理论层面上，现代教育理念改变了传统教育侧重应试教育的特征，突破了经验导向的束缚，内容上更加系统，更具有针对性，同时被赋予了创新精神、冒险精神、开拓精神和批判精神等思想内涵，显示出了其客观、可信的科学特征；另一方面，在操作层面上，现代教育理念在指导教育实践过程中更加成熟，呈现出包容性、可行性、持续性的特点，能够对高校教学起到很好的导向作用。

二、现代教育十大理念

(一) 以人为本的理念

21世纪的今天,社会已经由重视科学技术发展到以人为本的时代,教育作为培养和造就社会所需要的合格人才以促进社会发展和完善的崇高事业,自然应当全面体现以人为本的时代精神。因此,现代教育强调以人为本,把重视人、理解人、尊重人、爱护人、提升和发展人的精神贯穿于教育教学的全过程、全方位,它更关注人的现实需要和未来发展,更注重开发和挖掘人自身的禀赋和潜能,更重视人自身的价值及其实现,并致力于培养人的自尊、自信、自爱、自立、自强的意识,不断提升人们的精神文化品位和生活质量,从而不断提高人的生存和发展能力,促进人自身的发展与完善。鉴于此,现代教育已成为增强民族凝聚力的重要手段,成为综合国力的基础并日益融入时代的潮流之中,倍受人们的青睐与关注。

(二) 全面发展的理念

现代教育以促进人的自由全面发展为宗旨,因此,它更关注人发展的完整性、全面性。在宏观上,它是面向全体公民的国民性教育,注重民族整体的全面发展,以大力提高和发展全民族的思想道德素质和科学文化素质、提高民族的知识创新和技术创新能力、增强包括民族凝聚力在内的综合国力为根本目标;在微观上,它以促进每一个学生在德、智、体、美、劳等方面的全面发展与完善,造就全面发展的人才为己任。这就要求人们在教育观念上实现由精英教育向大众教育、由专业性教育向通识性教育的转变,在教育方法上采取德、智、体、美、劳五育并举、整体育人的教育方略。

(三) 素质教育的理念

现代教育扬弃了传统教育重视知识的传授与吸纳的教育思想与方法,更注重教育过程中知识向能力的转化及其内化为人们的良好素质,强调知识、能力与素质在人才整体结构中的相互作用、辩证统一与和谐发展。针对传统教育重知识传递、轻实践能力，重考试分数、轻综合素质等弊端，现代教育更加强调学生实践能力的锻造、全面素质的培养和训练，主张能力与素质是比知识更重要、更稳定、更持久的要素，把培养和提高学生的综合素质作为教育教学的中心工作来抓，以帮助学生学会学习和强化素质为基本教育目标，旨在全面开发学生的多种素质潜能，使知识、能力、素质和谐发展，提高人的整体发展水平。

（四）创造性理念

传统教育向现代教育的重要转型之一，就是实现由知识性教育向创造力教育转变，因为知识经济更加彰显了人的创造性作用，人的创造力潜能成为最具有价值的不竭资源。现代教育强调教育教学过程是一个高度创造性的过程，以点拨、启发、引导、开发和训练学生的创造力才能为基本目标，它主张以创造性的教育教学手段和优美的教育教学艺术来营造教育教学环境，以充分挖掘和培养人的创造性，培养创造性人才。现代教育主张，完整的创造力教育是由创新教育（旨在培养学生的创新精神、创新能力与创新人格）与创业教育（指在培养学生的创业精神、创业能力与创业人格）二者结合而形成的生态链构成，因此，加强创新教育与创业教育并促进二者的结合与融合，培养创新、创业型复合性人才成为现代教育的基本目标。

（五）主体性理念

现代教育是一种主体性教育，它充分肯定并尊重人的主体价值，强调人的主体性，充分调动并发挥教育主体的能动性，使外在的、客体实施的教育转换成受教育者主体自身的能动活动。主体性理念的核心是充分尊重每一位受教育者的主体地位，"教"始终围绕着"学"来开展，以最大限度地开启学生的内在潜力与学习动力，使学生由被动的接受性客体变成积极的、主动的主体和中心，使教育过程真正成为学生自主自觉的活动和自我建构的过程。为此，它要求教育过程要从传统的以教师为中心、以教材为中心、以课堂为中心转变为以学生为中心、以活动为中心、以实践为中心，倡导自主教育、快乐教育、成功教育和研究性学习等新颖活泼的主体性教育模式，以点燃学生的学习热情，培养学生的学习兴趣和习惯，提高学生的学习能力，使学生能够积极主动地、生动活泼地学习和发展。

(六) 个性化理念

丰富的个性发展是创造精神与创新能力的源泉，知识经济时代是一个创新的时代，它需要大批具有丰富而鲜明个性的人才来支撑，因此它催生出个性化教育理念。现代教育强调尊重个性，正视个性差异，张扬个性，鼓励个性发展，它允许学生发展的不同，主张针对不同的个性特点采用不同的教育方法和评估标准，为每一个学生的个性充分发展创造条件。它把培养完善个性的理念渗透到教育教学的各个要素与环节中，从而对学生的身心素质特别是人格素质产生深刻而持久的影响力。个性化理念在教育实践中首先要求创设和营造个性化的教育环境和氛围，搭筑个性化教育大平台；其次在教育观念上，它提倡平等观点、宽容精神与师生互动，承认并尊重学生的个性差异，从而为每一位学生个性的展示与发展提供平等机会和条件，鼓励学习者各显神通；再次在教育方法上，它注意采取不同的教育措施，施行个性化教育，注重因材施教，实现从共性化教育模式向个性化教育模式的转变，给个性的健康发展提供宽松的空间。

(七) 开放性理念

当今时代是一个空前开放的时代，科学技术的日新月异、信息的网络化、经济的全球化使世界日益成为一个更加紧密联系的有机整体。传统的封闭式教育格局被打破，取而代之的是一种全方位开放式的新型教育，它包括教育观念、教育方式、教育过程的开放性，教育目标的开放性，教育资源的开放性，教育内容的开放性，教育评价的开放性，等等。教育观念的开放性指民族教育要广泛吸取世界上一切优秀的教育思想、理论与方法为我所用；教育方式的开放性指教育要走国际化、产业化、社会化的道路；教育过程的开放性指教育要从学历教育向终身教育拓宽，从课堂教育向实践教育、信息网络化教育延伸，从学校教育向社区教育、社会教育拓展；教育目标的开放性指不断开启人的心灵世界和创造潜能，不断提升人的自我发展能力，不断拓展人的生存和发展空间；教育资源的开放性指充分开发和利用一切传统的、现代的、民族的、世界的、物质的、精神的、现实的、虚拟的等各种资源用于教育活动，以激活教育实践；教育内容的开放性指教育要面向世界、面向未来、面向现代化设置教育教学环节和课程内容，使教材内容由封闭、僵化变得开放、生动，更具现实包容性与新颖性；教育评价的开放性指打破传统的单一书面考试的教育评价模式，建立起多元化的更富有弹性的教育评价体系与机制。

（八）多样化理念

现代社会是一个日益多样化的社会，随着社会结构的高度分化，社会生活的日益复杂和多变，人们价值取向呈现多元化，教育也呈现出多样化发展的态势。这首先表现在教育需求的多样化，为适应经济社会发展的要求，人才的规格、标准必然多样化；其次表现在办学主体多样化，教育目标多样化，管理体制多样化；再次表现在灵活多样的教育形式、教育手段，衡量教育及人才质量的标准多样化。这些都对教育教学过程的设计与管理提出了更高的要求与挑战。它要求根据不同层次、不同类型、不同管理体制的教育机构与部门进行柔性设计与管理，更推崇符合教育教学实践的弹性教学与弹性管理模式，主张为教育事业的发展提供更加宽松的社会政策法规体系与舆论氛围，以促进教育事业的繁荣与发展。

（九）生态和谐理念

自然物的生长需要良好的自然生态环境，人才的健康成长同样也需要宽松和谐的社会生态环境的滋润。现代教育主张把教育活动看作一个有机的生态整体，这一整体既包括教育活动内部的教师、学生、课堂、实践、教育内容与方法诸要素的亲和、融洽与和谐统一，也包括教育活动与整个育人环境设施和文化氛围的协同互动、和谐统一，把融洽、和谐的精神贯注于教育的每一个有机的要素和环节之中，最终形成统一的教育生态整体，使人才健康成长所需的土壤、阳光、营养、水分、空气等各种因素产生和谐共振，达到生态和谐地育人。所以，现代教育倡导"和谐教育"，追求整体有机的"生态性"教育环境建构,力求在整体上做到教学育人、管理育人、服务育人、环境育人,从而营造出人才成长的最佳生态区,促进人才的健康和谐发展。

(十) 系统性理念

随着知识经济的来临,学习化社会的到来,终身教育成为现实,教育成为伴随人的一生的最重要的活动之一。因而,教育不再仅仅是学校单方面的事情,也不仅仅是个人成长的事情,而是社会进步与发展的大事,是关系整个国民素质普遍提高的事情,是关乎精神文明建设及两个文明协调发展的全局性、战略性大业,它是一项由诸多要素组成的复杂的社会系统工程,涉及许多行业和部门,所以需要全社会的普遍参与、共同努力。与传统教育不同,转型时期我国正在形成的是一种社会大教育体系,它需要在系统工程的理念指导下进行统一规划、设计和一体化运作,以培养人们的学习能力、提升人们的生存和发展能力为目标,以实现社会系统内部各环节、各部门的协调运作、整体联动为基础,把健全教育社会化网络作为构建教育环境的中心工作来抓,促进大教育系统工程的良性运行与有序发展,以满足学习型社会对教育发展的迫切要求❶。

第二节 现代教育理念下的观念发展

一、现代教育理念下的高校教学观

教学观支配着教师的教学实践活动,决定着教师在教学活动中采取的

---

❶ 岳若惠. 现代教育理念下的高校教育教学管理 [M]. 咸阳:西北农林科技大学出版社,2013.

态度和方法。由教师的教向学生的学转化是现代教学观，现代教学观要求用发展的观点看待学生，着眼于调动学生学习的积极性和主动性，教给学生学习的方法，培养学生学习的能力，即着眼于培养学生不断学习、不断探索、不断创新的能力，以适应不断变化的世界。

现代教育理念是高校教学观的理论基础，而现代教育理念的核心思想更是高等教育理论的基石。西方教育理论认为，"真正的教育应先获得自身的本质，教育须有信仰，没有信仰就不称其为教育，而只是教育的技术而已（德国雅斯贝尔斯语）。"在我国，现代教育理念逐渐明确了其思想信仰，它囊括了以人为本、尊重知识和人才、建立和谐教育环境等思想内涵。在此基础上，高校教学观明确了教育者和受教育者双方的权利和义务：教师为受教育者提供优质高效的服务，重视学习者的意愿和价值观，而学生具有选择知识、获取知识、选择教师的权利。

现代教育理念包括理论与实践的研究，是大教育观，它注重整体性和方向性的研究。高校教学观是现代教育理念在操作层面中的运用，是实践现代教育理念的工具和手段，因此，现代教育理念与高校教学观是紧密相连的。但是，在教学实践中，现代教育理念却常常与高校教学观脱节。一位教师尽管接受了现代教育理念，并接受了相应的培训，但是他原有的教学思想仍然制约着他教学水平的发挥。因此，高校教师和教学管理者掌握现代教育理念，并将其转化为指导教育实践的教学观，有着非常重要的现实意义。

（一）教学及教学观的含义

教学是学校的中心工作，是育人的基本实践活动。教学观就是教师对教学的认识或对教学的主张，具体地说，就是教师对教学目标、教学过程、教学对象等基本问题的认识。教师从这一认识出发，确定教学目标，选择教学方法，并决定了教师在教学中对教育对象采取的态度。因此，有什么样的教学观，就有什么样的教学行为，不同的教学行为必然导致不同的教学效果。

长期以来，陈旧的教学观念禁锢着人们的思想，影响、支配着教师的教学行为，并表现在平时的教学工作中。

首先，它将教学目标的确立直接指向知识的传授，让学生最大限度地识记课堂传授的知识，成为教学的中心和唯一任务。教师忽视从学生将来的发展考虑，忽视学生的个性差异，为了应付考试，忽视对学生能力与非智力因素的培养。

其次，教师只关注教，忽略学生的学，学生成为被动接受知识的"容器"，信息交流的方式是单一的，课堂成为讲堂。由于教师不够重视对学生活动的反馈，学生缺乏学习的主动性和积极性，扮演着配合教师完成教案的角色。

最后，教师在课堂上运用"题海战术"，占据了学生课堂上的自主学习时间，让学生做大量的练习，没有留给学生充分思考、消化知识的时间，从而"以练代讲"加重了学生的负担。

上述保守、片面的教学观念以及由此产生的教学行为方式是与现代化社会发展的要求不相适应的，更与未来社会的发展相悖。时代要求我们必须进行教学观的革命，树立现代教学观。

(二) 现代教学观基本主张

传统教学观的核心是"仓库理论"，它以教师为圆心，把学校当成单纯传授知识的场所，把书本当作主要教学内容，把学生当成被动地接受知识的机器，把分数看成是评估学校教育、教师教学和学生成绩的唯一标准，其结果严重阻碍了学生的积极思考，忽视了对学生自我能力的培养，使学生高分低能，不利于现代新人的成长。而现代教学观念完全摒弃了这些落后的想法和方式，试图用崭新的教学观来改变这种现象，因此在现代教学观念的指导下，学校进行了一系列的现代教学改革。现代教学观念的基本主张包括以下几个方面。

1. 促进学生的全面和谐发展

学科教学作为教育的基本活动形式，其目标应全面体现教育的培养目标,体现教育功能的前瞻性,体现学生的全面发展。总之,学科教学的终极目标,不仅要使学生掌握一定的知识技能,而且要发展学生的智力和体能,与此同时,还要培养学生正确的世界观,使其形成健康的个性品质,即学科教学的最终目标是促进学生全面和谐的发展。

教学的基本价值、基本作用、基本任务决定了教学的最终目标是全面育人。全面育人既是教学的终极目标,也是深化教学改革的目标。在这一方面,许多有识之士进行了卓有成效的探索,例如,江苏南通李吉林老师在教学过程中以"诱发学生的主动性"为出发点,渗透"教育性",着眼"创造性",贯穿"实践性",从而达到学生主动参与,在学习中受到教育、发展能力等教学的根本目的。

2. 从"教育者"转变为"学习者"

(1) 调动学生的积极性

教师和学生是教学活动的两个基本要素,在教学活动中,教师与学生都以确定的对方为前提,只强调某一方,取消或忽视另一方,都不可能构成或进行有效的教学活动。教与学既相互独立又相互依赖,彼此以对方的存在为依据。在教学过程中,我们应正确认识以下问题。

①教师与学生在教学过程中的地位:教师和学生是教学活动中的主体。教师是教的主体,其主体作用体现在对学生学习的引导与指导,即帮助学生实现认识过程的转化,从不知到知,并不断提高学生的学习兴趣,在此基础上引导学生运用知识,形成技能,发展能力。学生是学的主体,其主体作用体现在学生是学习的主人,即学生是教学过程中学习任务的承担者,是认识的主体,一切教学活动都要通过学生实施和落实。

首先,教师是教育者,在教学过程中对学生起主导作用。教师的责任决定了他在教学过程中的导向和组织作用,这种导向、组织作用表现为教学内容、教学方法、教学过程都是由教师设计、组织和实施的。在教学过程中,教师要根据教学目标的要求,向学生传授知识、技能,调动学生学习的主动性和积极性;教师要通过直接或间接的方式为学生提供帮助,指导学生学习，从而提高学生的学习效率，并对教学的质量与效果全面负责。

其次，学生是认识活动的主体和学习的主体。在教学活动中，学生知识的掌握、能力的培养和思想品德的提高，都必须通过自身的主观努力才能达到。教是为了学，教的目的在于学生学，教学的质量和效果体现在学的方面，体现在学生认识的转化和行为方式的变化上。如果把学生看成被动接受知识的"容器"，使学生处于被动地位，就不可能使教学协调有效地进行。因此，教学过程是教师主导作用与学生主体作用相结合的过程。

②教学过程是师生的互动过程。现代教学不再局限于传统的单向活动方式，而是强调教学是一种多边活动，它提倡师生之间、学生之间的多边互动。教学的多边活动论，在一定程度上揭示了教学过程的本质特点，与传统教学理论相比是一个重大的突破。传统教学，关注教师如何教，而对学生如何学却很少论及，因而是一种教师和学生的单向交流模式，这种单向交流模式不能反映教学活动的复杂性。现代教学认为，多向交流能最大限度地发挥相互作用的潜能，因为教师与学生之间、学生与学生之间的多项互动，形成了一个信息交流的立体网络，可以极大地调动学生参与教学的积极性，提高学生的参与度。因此，教与学的关系是相互作用的互动关系，教学过程是教师与学生、学生与学生的多向互动过程。如果在教学过程实现了师生之间、学生之间的互动，那么教学过程就不再是简单的传输过程，而是学生积极主动、富有创造性的参与过程，这对于充分开发与利用教学系统中的人力资源、减轻师生的负面负担、提高学生学习的积极性与参与度、增强教学效果、达到教学目标有着重要的作用。在实际教学中，要实现教学过程的多边互动性，要求教师在教学中应当尊重学生的主体地位，激发学生的主体意识，调动学生主动学习的积极性。教师要以尊重学生的主体性和主动精神为根本，认识到教学过程是教师的引导作用与学生的学习主体作用相结合的过程，是教师引导学生主动、积极参与学习的过程。

③学生是具有主观能动性的、充满活力的人。作为教学主体的学生在

教学活动中不是也不应该处于消极被动的地位，应是积极主动的。在教学活动中，教师不是实施简单的加工改造，而是要引导学生进行积极主动的学习，要把学生看成是具有主观能动性的、充满活力的人，不但要认识到学生是学习活动的承担者，他们在学习活动中能够表现出自身的主观能动性，而且要认识到学生之间是存在差异的，教师要尊重学生的个性差异。在教学过程中，教师要有针对性地进行教学，这样不仅有利于学生个性特长的发展与完善，而且有利于学生主观能动性的发挥，有利于促进学生的全面发展。在教学实践中，教师不能仅把学生作为认知者来看待，更应该把学生作为完整的生命来看待，要认识到学生不是知识的"接收器"，而是知识的主人；学生不仅是认知的主体，更重要的是具有生命的人。

（2）创建全新的教学方法

教学是一种有目的、有计划地培养人的创造性活动。现代教学绝不是单纯地传授知识，更重要的是发展学生的智力，发展学生内在的创造潜能，全面提高学生素质，这就要求教师改变传统教学方法，创建全新的教学方法体系，更充分地发挥教学的多方面功能，以实现人的素质全面和谐的发展。要建立全新的教学方法体系，转变教学观念是最基础的一环，具体地说，要实现四方面教学观念的转变。

①从注重学生外在的变化转向注重学生内在的变化。传统教学追求的目标是知识的掌握，也就是使学生从不知到知、从知之较少到知之较多，因此，教学的注意点放在了学生外在的活动与变化上，主要是注意的集中，记忆的牢固，答题的准确，这些虽然也是必需的，却不是最重要的。现代教学论把教学的注意点转向了学生内在的变化上。

②从强调学习的结果转向强调学习的过程。现代信息社会对人才的需求已从知识型转向能力型，为适应这种情况，教学相应地发生了重大的转变，这个转变涉及如何看待知识。当代著名教育心理学家布鲁纳指出："知识乃是一个过程，不是结果。"这句话极为深刻地揭示了现代教学观一个重大的转变，就是从强调学习的结果转向强调学习的过程。学生思维方法

的形成较具体知识点的掌握是更重要的目标,因为学习的最终目的是应用,应用更多的是在新的情况和条件下去寻求未知的东西,这就需要思维能力。长期以来,由于强调学习的结果,在学习解答问题时,只要求做出一个唯一正确的标准答案,而这个问题的情境往往与书本上的情境相同,因此,要使学生把注意力集中在记忆和背诵上。强调学习的过程,主要目标不是要求学生提出一个标准答案,而是要求学生寻求解答的思路,它引导学生重视思维的方法,并且经过长期训练,达到发展智能的目的。

③从单纯教师的教转向师生的共同活动。传统的教学,以教师传授、学生接受知识为特征,势必导致教师中心论,强调教师的权威作用,忽视学生的学习能动性和师生之间的合作,其教学方法是单纯教师教的方法,讲授几乎占据课堂教学的全部时间,教学过程中信息是按照由师到生的形式单向传递,学生处于被动接受的地位。所以,为改变这种状况,陶行知提出"教学做合一",并在教育实践中具体实施。随着现代社会的发展,"教学做合一"的观点越来越为教育界所接受,并成为现代教育的一个重要原则。布鲁纳认为,现代的教学方法是"教师与学生合作"的方法。苏联合作教育派的教育家们指出,教育教学过程应该是"人际合作关系",认为"在今天,正视师生关系的问题已被提到了学校工作的首要地位"。把传统的认为教学法只是教师教的方法转变为师生共同活动的方法,就是要使教学成为合作的过程,这是适应素质教育的要求的,因为教育要全面提高学生的素质,单一的讲授法难以胜任。学生智力和技能的培养,需要他们亲自参与,才能得到提高与发展。

④从封闭的教学组织形式转向开放的教学组织形式。传统教学那种单一的、封闭的教学组织形式,适合传授知识的要求。素质教育要求建立一种开放性、综合性的教学形式,它在空间形态上,综合运用集体教学、个别教学与分组教学等多种形式;在时间流程上,根据实际需要设计教学环节与结构。素质教育是一种更科学、更高层次的教育,它要求一种全新的教学方法,在教学观念更新的前提下,这个教学方法应特别注意对学生信

息加工处理能力和创造思维能力的培养，这有利于促进学生个性健康而和谐地发展。

3. 从"被动学"转变为"主动学"

传统的教学都是教师教、学生学，学生处于被动的情景，没有主动性和积极性，所以有"灌输"一词。而现在，随着生产力水平的提高，社会进步和科技发展日益加快，科学越来越呈现出高度分化又高度综合的格局，人们的智能急剧增长，环境恶化、知识陈旧、更新等问题都扑面而来。如果学生在学校学习使自己什么也不会创造，那么他这一生将永远是模仿和抄袭。学生的创造性源于创造性学习，是为了在行动上与新情况相协调的一种读书模式，它能使学生在理解书本知识的基础上，学会使用预测、模拟、模型和情景描述等方法技巧，来考虑趋势、制订计划、评估目前决策的未来后果，同时注重理论和实践的结合，创造性地解决各种复杂的问题。在教学中，教师不但要让学生学会知识，更要抽出大量的时间来培养学生自己学习的能力，这是现代教学观念的最重要之处。

二、现代教育理念下的高校教师观

教师观即教师的教育观念，是教师对教师职业的特点、责任、教师的角色以及科学履行职责所必须具备的基本素质等方面的认识，它直接影响着教师的直觉、判断，进而影响其教学行为。不同的教育理念会产生不同的教师观，下面简述一下现代教育理念下的现代教师观，并通过对现代教师观的论述，使教师了解现代教师的职责和特点，明确现代社会对教师的期望和要求，提高教师的现代意识，使教师树立正确的现代教师观，实现教师角色的准确定位，提高教师的素质，以便全面地履行教师的职责，成为一位符合新世纪要求的教师。

（一）教师及其重要性

教师是随着社会发展的需要而产生的，人类为了生存和发展，需要把在社会实践中积累的丰富经验传递给下一代，由此产生了学校，同时也就产生了教师。《中华人民共和国教师法》规定："教师是履行教育教学职责的专业人员，承担教书育人、培养社会主义事业建设者和接班人、提高民族素质的使命。""教师"有广义和狭义之分。从广义上说，凡是增进他人的知识技能、影响他人思想品德形成的人，都可以称作"教师"。狭义的教师是指学校教育活动中的教师，即在各级各类学校及其他教育机构中专门从事教育教学工作的专业人员。《教师法》中所指的教师与我们平时所说的教师都是指狭义的教师。教师这一职业既古老又年轻，既平凡又崇高。教师的作用主要体现在以下几个方面。

1. 教师在人类社会发展中的作用

首先，传递和传播人类的科学文化技术和知识，对人类社会的延续和发展起着桥梁作用。人类在长期的社会实践活动中所积累下来的科学文化技术知识，主要是通过教师的劳动来传播，没有教师，人类积聚起来的科学文化技术知识就难以传递，新一代的教育和培养就无法进行，社会自然也就难以延续和发展。而且，随着社会文明程度的提高、生产的发展和科学技术的进步，教师的这种作用就会更加突出。

其次，培养人良好的思想、塑造人高尚的品德。教师不仅要向受教育者传递和传播人类所积累起来的科学文化技术知识，而且应当培养受教育者的思想，塑造他们的品德，这是自古以来教师同时肩负的两项重任。

2. 教师在教育过程中的作用

在教育过程中，教师起着主导的作用，这主要是因为：首先，教师是代表社会要求的施教者；其次，教师是专门的教育工作者；最后，教师是教育活动的组织者和领导者。肯定教师的主导作用，并不意味着否定学生在教育过程中的主动性，教师的主导作用和学生主动性的发挥相辅相成。教育过程的客观规律是：教师主导作用正确、完全地实现，其结果必然是学生主动性的充分发挥。

3. 教师在社会中的地位

教师既然在人类社会的延续和发展中起着重要作用，他们的社会地位自然应该是崇高的。在我国一直存在着尊师的优良传统，古人有"天地君亲师"之说，把教师的地位同天地君亲并列。但是在我国封建社会的官宦阶层，"学而优则仕"的思想影响也不小，"官本位"的传统根深蒂固，很多人历来以官位或权限的大小来看待其社会地位，因而，教师这种无官无权的职业，自然很难得到应有的重视，所以教师的社会政治经济地位十分低下。

中华人民共和国成立后，我国教师的劳动得到了应有的尊重，教师的地位也得到了相应的提高。党的十一届三中全会以来，党和国家十分重视科学知识和知识分子（包括教师）在社会主义现代化建设中的重要作用，落实了知识分子政策，在一定程度上提高了教师的社会地位，改善了教师的生活待遇。随着经济的发展和社会文明的进步，教师必将成为让人羡慕和受人尊敬的职业。

（二）现代教师观念的基本内容

教师的教育观念是教师在教育教学中所形成的对相关教育现象，特别是对自己的教学能力和所教学生的主体性认识，它直接影响着教师的知觉、判断，进而影响其教学行为。传统有关教师的研究主要考查教师的行为是如何影响学生的行为、进而影响学生学业的，主要集中于研究教师可观察到的外部行为。下面将从现代教师的使命、现代教师的劳动特点以及现代教师应具有的素质等方面进行简要的论述，旨在为我国教师观念的研究提供一些新的思路，并以此更好地指导师资培训和教师的教育教学。

1. 现代教师的使命

第一，努力学习，提高自身素质。教师要走在学生的前面，要培养出适应时代发展需要的学生，首先要有能够把握时代脉搏、善于发现时代发展需求并积极采取行动的教师。努力学习，尽快适应时代发展对教师提出的新要求，是当代教师的首要任务。当代中国大部分的教师都是善于命令，不善于商量；善于管住，不善于引导帮助；善于课内讲授，不善于组织活动，并且重投入轻产出，重质量轻效率，重接受轻发现，重知识轻性格，重模仿轻独创,要改变这种状况,教师必须更新观念,增长才干,全面提高自身的素质。

第二,担起"重塑中国人"的重担,实施素质教育,切实提高全民族素质。"重塑中国人"是21世纪对中国教育的呼唤,是现代中国人心中的呐喊,是承认落后但不甘落后的宣言。努力学习,扬长避短,在学习中超越,在学习中创新,这是中国人唯一的选择。在这样的情况下教师的担子就更重了,教师不仅要更新自己,更要更新学生,不仅要重塑自己,更要重塑学生。所谓重塑,主要指打破过去的陈规陋习,站在时代发展的高度,用明天的需求来呼唤人、要求人和培养人,以适应当今时代的四大趋势,并以促进这四大趋势的发展为目的,重新设计我们的教育目标、教育制度、教育内容和教育方法,把素质教育真正落到实处。

第三,勇于创新,并形成自己的教育特色和教学风格。学生素质的提高和教育理论的繁荣,最终都依赖于广大教师的教育创新。如果全国的教师都用一样的教材、一样的方式方法进行教育教学,我国的教育理论就不能繁荣,亿万禀性不同、水平不同的学生的充分发展就不能实现,提高民族素质的努力就会在僵死的教条与模式中流于形式。所以说,要完成高效率地提高学生素质的历史使命,每一位教师必须彻底解放思想,坚持实践是检验真理的唯一标准,只要是有利于贯彻党的教育方针,有利于高效率地提高学生的素质、促进学生全面主动和谐地发展,有利于提高教育的质量和效益的举措,就要大胆地创,大胆地试,不要迷信任何权威与模式。要知道,真正的最优教学方法,只存在于教师自己的创造性劳动中,只有不断地创新,才能找到适合每个教师、每个班级、每个学生的最优教学方法,并形成自己的特色与风格。

2. 现代教师的劳动特点

教师劳动的对象是人,劳动的产品也是人,它所要处理的矛盾,也大都表现在人与人之间的关系上。作为教育人这一特定要求下的教师的劳动是一种复杂的脑力劳动,它与体力劳动和其他脑力劳动相比,有其自身的特点，这些特点主要是由教师劳动的目的、对象和手段决定的。

教师劳动的目的是把全体学生都培养成德、智、体、美、劳各方面都得到健康发展的新人。学生的身心发展尚未成熟，具有多边性、发展性和很强的可塑性，而且各自具有独特的个性。教师劳动的手段也很特殊，可以说教师劳动的全部力量构成了教育因素，成了教师教育好学生的手段。

从现代教师的劳动任务、劳动对象、工作的方法和手段以及现代教育对教师的要求来看，我们认为现代教师劳动的特点有以下几点。

（1）复杂性

教师劳动的复杂性主要是由教育对象、教育任务和教育影响的多样性决定的。从教师的劳动对象来说，学生是有道德、有感情、有主观能动性的人，他们的兴趣、爱好、性格和能力都存在着个体差异，教师既要面对全体学生施教，又必须注意因材施教；从教育的任务来说，教师不仅担负着传授知识、培养技能、发展智力的任务，还担负着培养学生的思想政治品德，以及对学生进行体育、美育和劳动技术教育等方面的任务；从教育的影响来说，影响学生发展的因素多种多样，不仅有来自学校各方面的因素，也有来自家庭和社会等方面的因素，教师要想教育好学生，就必须协调好这诸多影响学生发展的因素之间的关系。我们说，教师的劳动是复杂的是因为要做一个好的教师，其工作是艰巨的和繁重的。但是，教师要通过自己的劳动，为社会、为国家培养出无数有用的人才。无论是领袖，还是将军，无论是艺术家、科学家还是作家，或者是普普通通的劳动者，在迈出人生第一步的时候，都要受到教师的教诲和影响，是教师用心血培育了他们。所以，教师的劳动虽然复杂艰苦，但充满了骄傲，也充满了自豪，这也是它被赋予"天底下最光辉的职业"这一称号的原因。

（2）创造性

创造性是教师劳动的中心和基础。由于教师的劳动对象是具有思想感情的，是受社会多方面因素影响的，所以千差万别。而教学是一门永无止境的艺术，"教学有法但教无定法"，其原因主要就在于此。因此，作为教师，要想教育好学生就必须因人、因事、因时、因地有创造性地设计和实施教育学生的方针和策略，并科学地预见其结果。教师既要按照统一的目标来培养学生，又要注重学生个性的发展，所以，教师在劳动的过程中充满了创造性，有时甚至会在不自觉中进行创造性的教育实践。我们说教师的劳动绝不是一种日复一日、年复一年的重复劳动，它是一种创造性的劳动。

（3）示范性

教师教育学生不仅依靠学识才能，也依靠自己的心理品质、言行风范、治学态度、人生观和世界观等方面。这就是说，教师要教育好学生就不仅要言传，更重要的是身教，这就决定了教师的劳动具有很强的表率性和示范性。由于教学是师生共同的活动过程，而学生的模仿性特别强，所以教师的言行、工作态度、情感以及意志品质，在学生面前都表现得淋漓尽致，其直接影响着学生的心灵，这与教师使用自己的模范行为、榜样力的品学和教师的德才有着很大的关系。因此，一个乐于而且善于为人师表的教师，不仅应当加强自己在学识才能方面的修养，还必须加强自己在人生观和世界观等方面的修养。

（4）长期性

我国古代的教育家管仲说过："一年之计，莫如树谷；十年之计，莫如树木；终身之计，莫如树人。"这说明培养人是要经过相当长的周期的，这有赖于教师群体长期的共同努力。不仅从人的整体发展看，教师劳动需要一个较长的周期，即使从某一个学生具体、局部的身心特点的发展变化来看，都需要教师付出长期的大量的劳动，这也是教师劳动艰巨之所在。也正是由于教师劳动的长期性，才要求教师的活动不仅要从当前的社会需要出发，还应该从劳动结束时的社会需要考虑。因此，我们说教师的劳动总是指向未来的。

（5）前瞻性

教育具有前瞻性。有人说"教育学就是未来学"，这不仅是教育者的现代语言，也是教育家的现代思想。社会的进步已经使我们看到，教育将在历史上第一次为一个尚未存在的社会培养新人，而教师正是这一任务的承担者。可以说，今天教育事业的发展状况和水平决定着明天这个国家和民族的面貌。所以，作为现代教师必须要有超前的意识，要站在时代发展的前列，要及时了解国内外教育发展的趋势，学习国内外新的先进的教育教学理论与思想，不断更新教育思想，把思想从课本、课堂和学校围墙的束缚下解放出来；要具有创新意识，注重培养学生的发现意识和批判精神；要有市场意识，必须使自己的工作适应大市场对人才的需求；同时，还要有民主和科学的意识，培养学生的自主精神与自制能力，只有这样，教师才能高瞻远瞩，才能走在时代的前列，带领青少年奔向未来。

3. 现代教师应具备的素质

"世界上最好的系统是引向成功的"，决定教育系统优劣的正是教师，是教师的素质，所以，未来社会对教育的要求，归根结底是对教师的要求。无论是教育观念的更新，还是教学内容、教学方法的改革，都取决于教师的工作、教师的态度，教师在教育的发展与改革中起着关键的作用。一所学校能不能为社会主义建设培养合格的人才，培养德、智、体全面发展，有社会主义觉悟的有文化的劳动者，关键在教师。因此，要满足社会发展与育人的需要，教师必须具备以下几种基本素质。

（1）正确的教育理念

现代教师应该具有与时代精神相通的教育理念，教师对教育工作的本质、责任以及特点要有深刻的理解，要认识到自身所从事的事业关系到社会的发展和民族与国家的未来，关系到每个人的生命价值和每个家庭的幸福与希望，从而形成对事业的责任感和荣誉感。在这种正确理念的支持下，教师在工作中才能做到以素质教育为本，把发展人的智力、开发人的个性放在首位；才能不断开拓自己的事业，努力寻求科学的教育教学方法，同时，在教学活动中不断地完善自己，充实自己，形成自己独特的教育教学风格，实现由"工匠型"教师向"专业型"教师的转变；才能淡泊名利，全心全意地把知识、智慧、爱心全部奉献给学生。

(2) 良好的职业形象

每个社会职业都有其特定的行为模式和行为规范，教师的职业形象是教师在完成教育教学任务时，在学校以及在社会中承担的职业作用和表现。由于教师的劳动特点是劳动者与劳动工具的统一，教师的自身形象对于学生的发展具有强烈的外在示范性与内在感染性。首先，教师是做人的楷模，教师的仪表、教风、言谈举止和良好习惯，都是其良好素质的外化，同时也是影响学生形成良好素质的动力。叶圣陶说过，"教师的全部工作就是为人师表。"因此，教师必须努力提高自身的思想品德修养，教师要热爱祖国；教师要有崇高的精神境界，要具备为教育事业的发展艰苦奋斗的献身精神；教师要有高尚的情感，对学生要有博大无私、深沉久远的爱，要尊重学生，信任学生，理解学生；教师要有良好的文明修养，要严于律己，以身作则，遵纪守法。只有这种良好的形象、规范的行为，才能对学生起到言传身教、潜移默化的作用，才能有助于学生良好人格的培养与形成。

(3) 多元的知识结构

教育内容的社会化是新课程计划的一个特点，新课程计划要求加强对学生进行劳动技能、人口、青春期、心理健康等方面的教育，并渗透环境、交通、国防等教育。学科教学的整体化，是 21 世纪教学工作的发展趋势。在对同一个学生进行多学科施教的过程中，要求各科教师有互相配合的意识，应善于从学科交叉、学科对比与学科渗透等方面对学生进行教育，这些都要求教师不能只掌握单一的学科知识，而是要构建多元的知识结构。教师在掌握扎实专业知识的基础上，还要学习自然科学、社会科学，研究学科的最新成果、最新知识，更多地学习和掌握教育学和心理学的理论。现代教师不仅是实践者，还要成为研究者，因此还要学习与提高对人的认识、教育哲理的形成、管理策略、教育教学活动设计、方法选择、现代教育技术手段的运用以及教育研究等方面的知识，使自己不仅会教，而且要有自己的教育追求与风格，充分发挥出教师教书育人的功能。

(4) 多向的教育交往

在教育教学活动中，教师要与学生、其他教师、学生家长、社会中的教育力量进行多向的教育协调与交往。教师为了实现有效的教育，必须具备理解他人和与他人交往的能力。首先是对学生，教师要使学生积极主动地投入到教育活动中来，就离不开与学生的沟通，因此，必须建立"教师向学生学""教学相长"的平等关系。教师必须克服以学科为中心的个体工作意识，与其他教师相互合作、相互支持，才能更好地完成教学任务。同时，教师还要建立与家长合作和相互支持的关系、与社会有关机构中的人员的协作关系，这些都是形成教育合力和进行有效工作必不可少的。

(5) 完善的能力结构

教育是超前的事业，现代教师不但要适应教育的今天，还要面对教育未来的发展，这就要求教师必须具有完善的能力结构。教师要具有较高的获取知识的能力，包括搜集资料、查找资料以及对资料的筛选、摘录与综述的能力；要具有较高的教学能力，包括教学常规、教学评价、教学实验和现代化教学手段的运用；要具有较高的教育能力，包括对学生进行个别教育、集体教育和组织、管理、协调、控制等；同时教师还要具有科研能力。教师要善于对自己的教育教学实践和周围发生的教育现象进行反思，从中发现问题进而进行研究，找出规律性的东西，对新的教育问题、思想、方法等进行多方面的探索和创造，使教师工作更具有创造性和内在的能力。科研能力已成为现代教师素质的一项基本内涵，其他一些如批判鉴别的能力、社会调查能力、语言表达能力、文字能力等也是现代教师必须具备的。

(6) 健康的心理素质

心理健康是人们学习、生活和工作的基本条件，对一名教师来说更加重要，它不仅是教师自身健康生活的需要，而且在学生心理健康的发展中，也起着十分重要的作用。学生的一些消极心理或心理障碍常常和某些教师不健康心理的影响有着直接关系，为此，教师在学生中间，首先，要注意保持乐观的心境，保持积极振奋的精神状态，不断追求事业上的成就；其次，教师在学生面前，要保持稳定的情绪，始终要将收获的喜悦送给学生；最后，教师要有宽容的心理，要能够容忍学生的无知，宽容学生的过错，使学生在愉快和谐的环境中健康成长。

教师的素质是教师在育人过程中稳定的必备的职业品质，是教师职业形象、育人知识与育人能力的综合反映。教师的特点，决定了教师素质的多样性，同时，教师素质有着特定的社会规定性，是个动态的概念。随着社会的不断发展变化，教师的素质也在不断地丰富和充实，不断具有新的内涵。

4. 现代教师应具有的专业精神

从教师专业性质和专业化过程的特点来看，现代教师应当具有的专业精神表现在以下五个方面。

(1) 敬业乐业精神

敬业是教师对自己所从事的专业工作发自内心的崇敬。任何一个做教师的人，都应当首先对教师专业有清晰而独特的了解和认识，只有怀有强烈的尊严感，方能建立起坚定的专业信念，也才能对社会的各种评价做出正确、理性的判断。敬业还需乐业。乐业就是教师在对自己有正确认识的前提下，对专业工作表现得从容自在、心甘情愿、毫不勉强。一个人一旦投入教师专业，就须不为物欲左右，不为名利所动，做到淡泊明志，清高有为，由敬业乐业而获得人生之乐。

(2) 勤学进取精神

教师是教育者，同时也应当是学习者。只有不断学习、积极进取，才能真正成为知识和文化的化身，也才能担当起培育英才的重任。尤其是现代社会的发展，新知识、新观念、新理论不断涌现，教师几乎每天面临着一个新的世界，只有不断勤奋进取，把学习当作自己工作乃至生命中不可缺少的部分，才能适应时代要求。否则，如果学生对教师在知识方面产生怀疑，那么师生之间建立多种关系的基础就会消失，这时候，教师也就不能称为教师了。

(3) 开拓创新精神

"教育即创造",这是人们公认的原理。在现实的教育活动中,教育对象千变万化,学生个性千差万别,时代发展对人的要求又日新月异。教师要把一个个活生生的独特个体从蒙昧状态培养成社会所期望和需要的人才,绝不是靠按照某种程式的机械劳动就可以完成的,而是要靠高度的创造性劳动。因此,教师的专业工作,不允许教师墨守成规,也不允许教师一味地凭借个人经验,而是要求教师要敢于借鉴,勇于开拓,依据变化的情况,不断寻求适合教育对象的教育方案、方法和手段,使自己的教育教学活动更科学、更完善,从而建立起自己独特的教育风格。

(4) 无私奉献精神

教育工作是非常细致、艰巨和复杂的,教师所付出的劳动,是任何量化的手段和指标所无法衡量的,这必然要求教师要对教育工作保持一种无私的奉献精神。这种精神的表现,就是教师要尽可能地淡化功利思想,不斤斤计较物质享受,不迷恋于世俗浮华,不对个人利益患得患失,一切以育人为上,全心全意,把知识、智慧、爱心、时间乃至生命奉献给每一个学生。

(5) 负责、参与精神

教师的角色职能决定了教师必须有高度的负责精神和参与精神。负责精神的内涵:一是教师要有高度的教育责任感,对工作的每个环节一丝不苟,对每个学生的健康成长认真负责,尤其是对差生,更要加倍爱护,不可随意淘汰放弃;二是教师要有高度的社会责任感,关心国家发展,捍卫民族文化,主张社会正义,力辟歪理邪说。这种负责精神又必然要求教师具有积极的参与精神,即参与学生生活,参与社会生活。前者易被教师认识和强调,而后者则常被教师所忽视。有研究表明,一般教师对了解社会现象、关心社会发展、解决社会问题、改善大众生活等,并无多大兴趣;有许多教师恪守清高,通常不愿参与社会是非,也尽量避免外界干扰,保持中立,被称为社会的"陌生人",角色较为孤立,这也是社会大众不了解或不理解教师的重要原因之一。实质上，教师是全体国民中的知识群体和文化精英，在一个时代中，教师是时代的前驱；在一个社会里，教师是社会的导师，因而，教师又素有"国师"和"全民之师"的称号。教师以自己的实际行动，对社会生活关心参与，对社会现象评论批判，对社会理想不懈追求，会构成一种潜在的、巨大的、动态的社会变革力量，尤其是现代学校的社会功能日趋增强，教师与社会的联系也更加频繁，这种力量显得越来越重要。❶

三、现代教育理念下的高校学生观

教育活动是促进学生成长的自觉实践。学生观即人们对学生的基本认识和根本态度，是直接影响教育活动目的、方式和效果的重要因素。当前，我们正处在教育现代化的历史进程中，各种各样的学生观大量存在，其中不少是陈旧的，不符合教学现代化要求的。为了迎接21世纪的挑战，为了更好地培养高素质的现代公民，我们需要认真研究学生观的问题，努力确立现代学生观，也只有在正确的学生观的指导下，找准教育与知识经济的结合点，全面实施素质教育，才能最大限度地开发学生的潜能。

（一）学生是发展的人

如何看待学生的身心发展问题，是学生观的重要内容，它涉及对学生天性和潜能的估计，也涉及对学生身心变化过程的认识。坚持什么样的发展观念，对教育目的的确定以及教育行为的选择都有直接的导向作用。

1. 学生是具有生命意义的人

在漫长的封建社会里，教育为封建专制特权服务，在封建君主眼中，学生是他们驯服的奴仆。到了资本主义社会，学生则成了资本家的后备生产机器和赚钱工具。传统的教育思想把学生当成可以利用的工具和容纳知识的容器，学校教育普遍流行注入式的教学模式，把正常的师生关系即人与人的关系扭曲为人与机器的关系，因此，出现了教育领域里见物不见人

---

❶ 岳若惠. 现代教育理念下的高校教育教学管理 [M]. 咸阳：西北农林科技大学出版社，2013.

的怪现象。校园，一个本应充满生机与活力的系统整体，成了一个无视生命存在的物质空间。

历史发展到今天，每一个有着良知与人性的教育工作者，都没有理由再加重学生的书包重量和近视程度，没有理由再剥夺学生的欢乐和志趣，没有理由不把学生从学习机器和考试工具的桎梏中解放出来，没有理由不恢复学生应有的生存自由和正常的生命角色。我们应该看到，学生时代是人一生中最富生命活力，生命色彩最为丰富，生命成长最为迅速、最为重要的一段时间。从这个角度看，我们说学校应该是一个直面生命，焕发学生生命活力的神圣殿堂，学校教育是努力为学生的生命健康成长服务，提高学生生命价值的有意义的活动。作为学生生命成长中的重要支柱、学校教育的主导者——老师，不仅要传播给学生以知识和能力，更重要的是要传递给学生以人的情感和生命的脉动，把自己的生命与心血溶入学生学校生活的每一个阶段和每一个角落，使之富于生机，充满希望。

学生是人，是富于生命意义的人，这是一种最本质的教育观，也是第一位的学生观，把学生当人来看待，还给其作为活生生的人应有的时间和空间，真正赋予学生"人"的含义，这是历史的进步和人类文明的标志，更是知识经济时代对教育的深切呼唤。

现今应该如何看待学生的天性呢？从教育发展的历史实践来看，不论人们坚持性善论还是性恶论，最后都能通过一定的教育措施促使学生朝积极的方向发展，区别主要在于各自的教育方式和教育重点不同。性善论注重主体的自觉和内在力量的挖掘，性恶论注重外在规范的约束和行为矫正。当前，我们国家一些人坚持的是性恶论，不少家长和教师都自觉或不自觉地从性恶论的角度来看待学生，认为学生的天性是破坏性的、与教育的要求相对立的，不严厉管教就难以成人。于是，在教育上，他们多采取强制、管制、灌输、矫正的方式来教育学生，以期培养社会所需要的品质，这种教育方式存在着各种心理的和伦理的缺陷，也和时代的主体精神相违背，因而，必须反对性恶论，提倡用积极乐观的眼光和态度来看待学生的天性。

我们应树立一种乐观的人性观，善意地评估学生的天性和行为表现，多关注学生身上所具有的那种自我提高和完善的内在需要和倾向。乐观估计学生的天性，也就是要坚信每个学生都是可以积极成长的，是可以造就的，是追求进步和完善的，因而对教育好每个学生应充满信心。

2. 用发展的观点认识学生

人们经常用僵化的眼光而不是用发展的观点来看待学生，这是历史上和现实中都客观存在的问题，现代科学研究的成果与教育的价值追求，都要求人们摒弃僵化的观点，要用发展的眼光来认识和对待学生。用发展的眼光来认识和对待学生，包含以下几个相互关联的方面。

（1）学生身心发展是有规律的

生理学、心理学、哲学和教育学的研究表明：人的身心发展，既是自然的客观过程，又是社会历史文化过程，是自然性与社会性的统一。遗传、环境和教育是决定个人身心发展的基本要素，各种因素作为个体发展的条件，通过个体的活动而发挥作用。人的身心发展，是一个连续的过程，同时又具有阶段性，不同的年龄阶段有不同的年龄特征，一定阶段的年龄特征，具有相对稳定性，也有一定的可变性。这些研究成果集中地反映了人身心发展的一般规律性，学生（尤其是接受基础教育的学生）的身心发展，不仅服从这些规律，而且能最典型地体现出人身心发展的特征与规律。认识到学生身心发展具有规律性，是非常必要的，这是客观地理解学生的基础。学生身心发展的规律客观上要求人们应努力学习、领会有关人身心发展的理论，熟悉不同年龄阶段学生身心发展的特点，并依据学生身心发展的规律和特点开展教育活动，从而有效促进学生身心健康发展。

（2）学生具有巨大的发展潜能

关于学生的发展潜能，在理论上和实践中历来存在着认识上的分歧。在实际工作中，许多人往往从学生的现实表现推断学生没有出息，没有潜力，不少人坚持僵化的潜能观，认为学生的智能水平是先天决定的，教育对此是无能为力的。其实学生具有巨大的发展潜能，这已被科学研究所证实,裂脑研究、左右脑功能的研究、潜意识的研究,都为此提供了科学证据,而国内外关于智力开发的探索,则为此提供了大量的事实经验。不论是国外学者波诺的横向思维训练、费厄斯坦的工具性强化训练,还是国内学者吴天敏的动脑筋练习、林崇德的思维开发教育,都得出了人脑通过专门训练,智力水平可以明显提高的结论。作为教育工作者,应该相信学生是潜藏着巨大发展能量的,要坚信每个学生都是可以获得成功的。在教育实践中,有不少探索,正是基于每个学生都有获得学习成功的潜能的信念,取得了全面提高学生学业成就的良好效果,如布鲁姆的掌握学习❶、洛扎诺夫的暗示教学❷、阿莫纳什维利等的"合作教育学"❸、国内的成功教育等。相信学生的潜力,是把学生作为发展的人来认识的重要要求。

(3) 学生是处于发展过程中的人

作为发展的人,也就意味着学生还是一个不成熟的人,是一个正在成长的人。在实践中,人们往往忽视学生正在成长的特点,而要求学生十全十美,对学生求全责备,这和发展观点是相对立的。其实作为发展的人,学生的不完美是正常的,而十全十美则是不符合实际的。发展作为一个进步的过程总是与克服原有的不足和解决原有的矛盾联系在一起的,没有缺陷、没有矛盾,就没有发展的动力和方向。把学生当作一个发展的人来对待,就要理解学生身上存在的不足,就要允许学生犯错误,当然,更重要的是,要帮助学生解决问题,改正错误,从而不断促进学生的进步和发展,这也是坚持用发展的观点认识学生的重要要求。

(4) 学生的发展是全面的发展

学生的发展,从人性的角度,它要包括人的自然属性、社会属性和精

---

❶ 布鲁姆掌握学习模式是指美国心理学家布鲁姆提出的旨在使学习材料为每个学生所掌握的一种学习方式。他认为,学生学习成绩的差异并不是必然的、固有的,而是由学生对新的学习任务的认知准备状态、情感准备状态和教学质量(即教学适合学生的程度)三个变量决定的。通过调整这些变量,实施掌握学习策略,就可使绝大多数学生达到教学目标。

❷ 亦称"启发学""洛扎诺夫教学法"。运用暗示手段激发个人心理潜力,提高学习效率的一种教学理论和方法。其创始人为保加利亚精神病疗法心理学家乔治·洛扎诺夫,也叫格奥尔基·洛扎诺夫。

❸ "合作教育学"特别注重使儿童乐意学习,使他们乐意参加到师生共同的教学过程中来。

神属性的发展；从个体身心方面，既包括个体活动的生理调节机制方面的变化，也包括个体心理调节机制的变化；从个体和社会的关系，还应该包括社会认知、社会技能、社会适应性等方面的发展；从发展的目的来看，除了为社会服务，为个人谋生之外，同时还要特别关注自身的不断完善。因而，就学生的发展来说，其强调的是人的基本素质要素的每一个方面都获得一定的发展（全面发展），强调的是以个人特点为基础的独创性的发展，更关注的是个性的全面发展和全面发展的个性，以及这两者的高度统一。

(二) 学生是独特的人

在历史上和现实中，人们要么把学生视为没有思想和感受的白板，要么把学生视为和成人没有什么区别的小大人，这些忽视学生独特性的观点是不正确的。事实上，学生有着自己独特的内心世界、精神生活和内在感受，有着不同于成人的观察、思考和解决问题的方式，也就是说，学生有着独特的个性。因此，在对学生的认识上，应确立学生是独特的人这一基本命题。学生是独特的人的命题，包含以下几个基本看法。

1. 学生是个完整的人

在现实生活中，人们往往把学生仅仅作为受教育的对象或学习者来对待，忽视学生身心的整体性，这是不恰当的。其实，学生并不是单纯的抽象的学习者，而是有着丰富个性的完整的人。正如合作教育学所指出的："儿童每天来到学校，并不是以纯粹的学生（致力于学习的人）的面貌出现的。他们是以形形色色的个性展现在我们面前的。每一个学生来到学校的时候，除了怀有获得知识的愿望外，还带来了他自己的情感世界。"在教育活动中，作为完整的人而存在的学生，不仅具备全部的智慧力量和人格力量，而且体验着全部的教育生活。也就是说，学习过程并不是单纯的知识接受或技能训练，而是伴随着交往、创造、追求、选择、意志努力、喜怒哀乐等的综合过程，是学生整个内心世界的全面参与。如果不从人的整体性上来理解和对待学生，那么，教育措施就容易脱离学生的实际，教育活动也难以取得预期的效果。要把学生作为完整的人来对待，就必须反对那种割裂人完整性的做法，还学生完整的生活世界，丰富学生的精神生活，给予学生全面展现个性力量的时间和空间。

2. 学生都有自身的独特性

这种独特性，是人的个性形成和完善的内在资源，也是教育努力的重要目标。这就提出了一个问题：学生的独特性和教育的统一性如何协调？对此，既有片面强调教育统一要求的，又有单纯强调学生独特性和兴趣的，但这都不是令人满意的答案。不过，重视学生的独特性和培养具有独立个性的人，应成为我们对待学生的基本态度。

3. 学生与成人存在着巨大的差异

人们往往把学生看成是小大人，认为他们能够认同、仿效成人的思想和行为，并基于这种认识对学生进行教育和评价。但是，越来越多的事实表明，学生和成人之间是存在很大差异的，学生的观察、思考、选择和体验，都和成人有明显不同。由于受影视信息广泛传播的影响，现在的学生视野开阔，思想开放，讲究情趣，重视表现，对外界事物的反应迅速而敏锐，追求新意和时髦。在某种意义上说，现在的学生已走在时代的前列，比许多成人更具时代气息，再用上一代的观念和行为来约束学生，很难取得预期的效果。只有摒弃传统的小大人观念，承认并正视现代学生的群体特征，认真研究现代学生的特点，采取积极引导的措施，教育者才能有效地和学生沟通，得到他们的认同和配合，从而达到教育和影响他们的目的。

简言之，每个学生都是完整的具有独特个性的人，学生群体同样具有内在的独特性，这是不可否认的事实。我们应立足于这一事实，在思想上真正尊重学生的独特性，在实践中发展和完善学生个性，从而培养出具有独特个性的新人。

(三) 学生是教育活动的主体

关于学生是否是教育活动的主体，在教学论上是研究得比较多的，争论也比较激烈。不过，随着时间的推移，学生是教学活动主体的命题日益得到广大教育工作者的支持。教师主体对学生客体的教育与改造，只是学生发展的外部条件和外因，学生的主体活动才是学生获得发展的内在机制和内因。当前，人们在观念上并不一概地反对学生是主体，但在具体的教育实践中，却往往不把学生作为真正的主体来对待，因而，如何落实学生在教育活动中的主体地位问题，需要进一步的探索。

1. 学生是学习活动的主体

这里既揭示了学生是学习活动的主体，又说明了学习活动是学生的主体活动。对学生的学习活动，应做广义的认识和理解，它既包括对各学科知识和技能的学习，学科能力和运用学科知识解决问题的能力的学习，也包括对各学科知识之外的人文和科学等综合知识的学习，做人和做事等方面知识的学习；既包括知识、思想、观念等方面的学习，也包括态度、品质、行为等方面的学习；既包括习得和强化的一面，也包括矫正和消除的一面；既包括观察学习和模仿学习，也包括解决问题式的学习和创造性学习；既包括上述各个方面和各种形式的学习，也包括这些学习过程和学习机制的学习。学生作为这样一些学习活动的主体，要加工学习对象，改造学习对象，占有学习对象，以建构自我，发展自我，完善自我，从而实现主体客体化。

2. 学生是具有主体性的人

学生作为各种学习活动的发起者、行动者、作用者，其前提是他要有一定的主体性，这是他作为主体的基本条件。事实上，随着青少年学生自我意识的形成和不断增强，其自身就有一种自尊自信和追求真理的自觉性，在许多活动中往往表现出渴望独立、渴望自主选择、渴望自裁判断。在教育活动中，学生发挥自身主体性的形式是多种多样的，既表现为学习意向上的自觉性和主动性，又表现为学习过程中的接受、探索、训练、创新等具体行为。在不同的任务中，在不同的条件下，主体性表现的形式也各有差异。落实学生的主体地位，关键是根据具体的教育要求，调动学生的主动性，为学生构建广阔的活动空间。

3. 教育在于建构学生主体

学生虽然具有一定的主体性，但就其程度而言比较低，就其范围而言比较狭窄，尤其在教学中，学生主体相对于教师主体来说，诸多方面的力量都显得十分微弱。教师的主体作用，一方面表现为努力提高学生主体性水平，使其由片面到全面、由强到弱，使学生客体主体化，在这里，要充分注意到主体的另一面，诸如被动性、适应性、手段性，它虽然总是在阻碍、抑制、影响着能动性、自主性、自为性的有效发挥，但要充分认识到它的积极作用和积极意义，事实上，在一定程度上，人的主体性是能动性与被动性、自主性与适应性、自为性与手段性的辩证统一。

4. 探索学生主体活动问题

学生主体活动是学生主体性的典型表现，也是教育促进学生发展的基本机制。有关研究认为，教学中学生的主体活动主要有四种类型：学生主体外部活动、学生主体内部活动、学生主体外部活动的内化和学生主体内部活动的外化。那么，在其他教育活动中，学生的主体活动又有哪些类型？各种主体活动的特点和功能是什么？如何有效建构这些主体活动？这些问题涉及在具体教育活动中落实学生主体地位的原理和策略，需要进行深入探讨。

（四）学生是责权主体

从法律、伦理的角度看，在现代社会，学生在教育系统中既享有一定的法律权利，又承担着一定的法律责任，是一个法律上的责权主体。同时，学生也承担着一定的伦理责任、享受着特定的伦理权利，其也是伦理上的责权主体。把学生作为责权主体来对待，是现代教育区别于古代教育的重要特征，是教育民主的重要标志。把学生视为责权主体，必然面临一个如何处理学生权利与学校职责的关系问题。一方面，学生是权利主体，学校和教师要保护学生的合法权利；另一方面，学校对学生负有进行有效的教育和管理的责任，因此，必然要对学生的权利有所制约。如何既尊重和保护学生的权利，同时又能对学生实施有效的管理，担负起学校教育人、塑造人的责任,是教育管理上需要研究的重要问题,这一矛盾的实质是学生权利的自由与限制的问题。

在处理学生权利自由和限制的问题上,常常有两种对立的做法:一种做法是强调学生的权利自由,这在一些欧美国家较多地存在,它的基本思想是,学生的权利是神圣不可侵犯的,一切要体现学生的权利至上,也可以称之为是学生权利管理上的自由主义;另一种做法是强调学校对学生管理的重要性,把有效的管理放在第一位,这在东方国家体现得较明显。这种做法对于学校教育的有效运作有积极意义,但也容易导致种种侵犯学生权利的问题出现,表现出对学生权利尊重和保护不够的缺陷。这种做法可以称为权力主义。其实,不论是自由主义还是权力主义,都没有找到自由和限制的合理界限。

我国在处理学生权利的自由和限制的问题上,基本上是持权力主义的态度,也就是说,我们基本上是从有利于学校管理的有效运作出发,来处理学生权利问题的,对学生的各种权利,如财产权、交往权、隐私权等,没有明确的意识和保护、尊重的措施,这是有一定缺陷的。在忽视学生权利的同时,我们的学校管理还有一种保姆主义现象。所谓保姆主义,指的是学校对学生担负着无限多的责任,包括许多不必要的责任。社会上有种观念认为:学生入学以后的所有问题都和学校有关系,学校要对学生的所有问题负起责任。这对学校来说是一种沉重的压力,也会使学生缺乏责任意识,保姆主义是学校的管理权限不明确的重要表现。权力主义和保姆主义,一个赋予学校无限的权力,一个赋予学校无限的责任,两者都没有处理好学生的权利自由与限制的关系。

我们认为,过分自由和过分限制都不利于学生的成长,也不利于学校工作的有效进行。因此,应在自由和限制之间寻求一种基本平衡。为此,需注意以下两点。

1. 区分学生的个人行为和教育行为

对个人行为,学校不必过问,严格讲也无权管理。对教育行为,学校负有组织、管理的责任，并应按照有关的伦理原则如公正、民主、人道精神来处理。学生的教育行为的自由，应以不妨碍教育目的的实现、教育活动的开展为限度。学校对学生的教育行为的限制，以有利于教育目的的实现、教育活动的开展以及全体学生的权利享有为界限。

2. 区分学生的不同权利与责任承担

学生年龄越大，则自由享受权利的能力越大，承担行为责任的能力也越大。学校对学生权利的限制，应同学生享受权利的能力和承担行为责任的能力挂钩。学生年龄越小，学校负有的管理责任越大，对学生权利的限制也就越大；学生年龄越大，学校负有的管理责任越有限，对学生权利的限制也越有限。

视学生为责权主体的观念，是建立民主、道德、合法的教育关系的基本前提。强化这一观念，是时代的要求，也具有重要的理论意义。[1]

第三节 儒家教育理念对现代教育的影响

一、现代教育的思想

现代教育是随着工业革命的兴起而产生的。它区别于农业社会传统工匠教育的一个基本特征是，注重人的全面发展，使受教育者学会适应现代社会发展多变的生存环境的多种基本知识技能，并在这一过程中使学生的个性得以解放，人格发育健全，有创新意识和创造能力，同时又富有健康状况的竞争意识和合作能力。现代教育的另一个基本特征是，注重社会人

---

[1] 岳若惠. 现代教育理念下的高校教育教学管理［M］. 咸阳：西北农林科技大学出版社，2013.

员整体素质的普遍提高，受教育已不是一部分人的特权，而是作为一个社会人的基本权利，人人享有机会平等的受教育权。所谓素质教育思想，是现代教育理念在当代中国教育改革过程中的集中体现，其宗旨是使所有受教育者不仅获得与现代社会发展相适应的知识技能，还能受到优秀文化传统的熏陶，人文精神得到提升。

实施素质教育，就是要求我们所培养的人有高度的对社会、对事业的责任感，学会关心，具备良好的思想道德素质，有丰富的、宽广的自然科学和人文社会科学知识，开阔视野，具备良好的科学文化素质；有合理的专业知识和健康的体魄、坚强的意志、接受挑战和应变的能力，学会适应，具备良好的身心素质。具体地说，通过开展素质教育，学校培养出的学生不仅要具备服务于中国现代化建设的基本知识和技能，还需人格发育健全，成为名副其实的现代人。素质教育是依据人的发展和社会发展的实际需要，以全面提高学生的基本素质为目的，以尊重学生主体性和主动精神、注重开发人的智慧潜能、注重形成人的健全个性为根本特征的教育。素质教育的基本特征是：教育对象的全体性；教育内容的基础性；教育空间的开放性；教育目标的全面性；教育价值的多元化；注重学生创新精神和实践能力培养；培养学生的主体意识，注重学生个性健康发展；着眼于学生的终身可持续发展。

联合国教科文组织总干事马乐在1998年的世界教育报告中说："我们留下一个什么样的世界给子孙后代，取决于我们给世界留下一个什么样的子孙后代。"这段话很发人深省。根据我们对儒家教育理念从有教无类、修齐治平、德育优先、因材施教等方面入手阐述了儒家教育理念的基本特征。这些特征从多角度体现了儒家的教育目的、教育理想、教育内容和方法，我们从中得出这样一些对确立有中国特色的现代教育理念可资借鉴的观点。

二、现代教育的出发点

随着工业化的高速发展及其向世界的迅速推广，人们关心的重心是如何在科技的推动下去改变外部世界，与此同时，却忽视了对人本身和人精神需求的关心，各国的基础教育出现了"重智轻德"即片面强调智育、忽视德育的现象。因而，加强本国学生的道德教育，成为世界各国现代教育的一大特征。现今的德国、美国、日本等国家均对道德教育方面提出明确要求。由于计划经济向市场经济过渡以及人们对传统道德教育的重视不足，我国学校德育工作的开展，无论是有效性还是针对性都不同程度地落后于学科知识教学。而在我国自古以来就有重道德教化和礼仪规范的传统，素有礼仪之邦的美称。因而，发展素质教育成为我国教育改革的必然要求。

素质教育的重要思想之一就是注重学生"学会做人"，使学生成为富有中华传统美德、遵守社会公德和法纪法规、全面发展的高尚的人，这也正是儒家的教育传统。孔子是中国古代伦理学和道德理论的奠基者，孔子把完善人格作为做人的目标，并把造就理想人格作为德育的根本任务。

孔子有教无类的教育观认为，经过教育每个人都可以既"成人"又"成才"。孟子强调："人皆可为尧舜。"目前在过度激烈的升学竞争中，"成人"的教育被忽略了，而"成才"的教育也必然会受到伤害以致扭曲。一个人可以不成为出类拔萃的人才，但每一个人经过教育都可以成为一个真正的人，一个有益于社会的人，这是我们应该追求的理想，也是儒家"有教无类"的中心思想。这也正是我们今天确立有中国特色的现代教育观——素质教育观的出发点和落脚点。

孔子的最高道德标准是以仁为核心的。孔子教育学生"克己"与"爱人"，这两方面就是对"仁"的涵义从不同角度进行阐述的集中体现。"克己"与"爱人"皆以"礼"为准则。"克己"即以礼约身，"非礼勿视，非礼勿听，非礼勿言，非礼勿动。"（《论语·颜渊》）。其根本要求是在财富占有上遵守周礼的等级规定，克制过分的欲望。儒家也提出了道德评价的原则问题，即义利之辨。主张重义轻利，见利思义。孔子曰："君子喻于义，小人喻于利。"（《论语·里仁》）意思是说君子为人处事，着眼于道义，而小人则是看重利益。儒家的"仁"和"礼"教导人们在尊重他人，遵守社会基本道德规范和法律规范的前提下，处理好与个人与他人，公与私的关系，即所谓"君子爱财，取之有道"，孟子论释这种克己精神为"富贵不能淫，贫贱不能移"的大丈夫气概。这种传统教育理念，在社会主义市场经济体制下的今天，对于培养人的正确人生观、世界观和价值观，扼制物欲横流的社会弊端，有着非常重要的现实意义。

孔子的"爱人"有两个特点：一是以孝悌为本，二是爱有差等。孔子仁爱思想的核心是要求人们从爱自己的家人这种天伦之爱做起，逐渐培养起爱他人、爱社会、爱国家的情感，达到"泛爱众而亲仁"。此外，孔子所倡导的人的社会责任的判别，也是合理的。一个人首先要高尚敬业，做好本职工作，再兼顾其他，"在其位"要"谋其政"。在此基础上，还要体恤人民疾苦，不可使人民负担过重，否则社会就会不稳定。由此可见，儒家的仁爱及其爱的差等性，不是讲爱有等级差别，而是提倡爱从爱家人做起，生发出对他人、对社会、国家及全人类的爱心。所以，这一思想至今仍有非常重要的现实教育意义，能有助于学生从根本上，认识到孝敬父母与关爱他人以及爱人民爱国家的重要性。

当今，我们的教育被视为素质教育、能力教育、专才加通才教育。不少有识之士认识到，科学技术的发展，边缘科学的产生，文、理、工的相互联系和渗透已明显地成为一种必然趋势。其实，我们更应该明确认识到任何人只有首先成为一个"人"，而后才有可能成为"人才"。在这个意义上说，素质教育的根本出发点就是人格教育，专业教育、技能教育必须以人格教育为基础。因此，素质教育的根本出发点也就是德育放在优先发展的位置。

三、现代教育的重要特征

既求知又求能是素质教育的又一个重要特征。收生授徒，在教育实践中既传授知识又注重能力培养是先秦儒家大多数教育家的共同特点。孔子在这方面堪称表率。他重视在实践中既传授知识，又培养学生能力。在周游列国的途中，经常以见闻阅历及发生的大大小小事件教诲弟子，培养他们的辨析能力、参与能力，在传授知识过程中时刻不忘增长他们的才干，在传授知识的过程中时刻不忘技能训练。正是由于孔子注重德才艺勇的和谐发展，注重对学生能力的培养训练，才取得了教育的极大成功。门下人才济济，"由也，千乘之国，可使治其赋。""求也，千室之邑，百乘之家，可使为宰也。""赤也，束带立于朝，可使与宾客言也。"（《论语公治长》）用今天的话说，孔子的弟子有知识有能力，其中不乏外交部长、财政部长、三军将帅、财政总理人选。孔子弟子精通六艺，又各有所长。

然而知能并重的教育理念，在秦以后的不同历史阶段受到不同程度削弱，特别是明清两代，受科举取上的片面影响，不少读书人脱离生活，脱离社会。皓首穷经成了"百无一用读书人"，这种偏离素质教育理念的现象至今仍是不同程度地存在着，弊端极大，一度造成了学生的"高分低能"，毕业后难以就业。有学者将在美国的中国留学生与欧美学生进行考察比较，认为中国学生智力聪颖，学习刻苦，擅长记忆，学习成绩领先；欧美学生勤于思考，善于动手，长于实验操作，以技能居长。而中国在科学实验、发明创造方面至今仍然落后于西方的原因就在于此。这已引起了我国有识之士的思考，引起了国家重视。发展素质教育是我国教育改革的核心问题。这需要我们不仅要借鉴西方经验，而更要珍视儒家推动我国文化走向辉煌的教育理念，发扬素质教育的优良传统。

现代教育认为，应使每个学生在自己最擅长的领域，尽情地展示自己的个性。而要实现这一教育目标途径，就要遵循孔子论释的"因材施教""启发诱导"等以学生为主体的理念；发挥学生主观能动性的教育原则和方法，无论是我们推崇的个性教育，还是我们提倡的差等教育，都能在几千年前儒家先哲的智慧里折射出科学的灵光。可见其具有强大的生命力和巨大的科学价值。

儒家的教育理念与现代教育教学理论是一致的，在教育教学实践中更富有可操作性，是我国教育教学理论现代化的宝贵财富。多年来，教育现代化的道路充满曲折与磨难，其很重要的一个原因是对传统教育理念的忽视甚至是曲解。要推进我国教育现代化的进程，我们必须在总结吸收外来教育传统和新教育观念的同时，对以儒学为代表的中国古代教育传统，以一种实事求是的敬重态度，进行一番考古式的整理、学习和思考，使我们的教育思想经历一场返本求新式的发展，以实现中国教育现代化观念上的成熟、发展。因此，构建适合中国国情的现代教育理论体系，实现中国教育的现代化，只能由中国式的现代教育观念来推动。❶

第四节 体育教师现代教育理念的转变

一、体育教师教育理念的转变

传统的教育理念一般注重学生对理论知识的学习，忽视对学生进行全面发展的培养，所以造成了一部分学生成绩优秀，而身体素质以及综合素质相对低下的问题，尤其是在身体素质方面。在体育教学中，要想改变这种现状，首先就要从改变教师的教育观念出发，充分尊重学生的主体地位和个性，不但要注重学生理论知识的学习，更要注重学生身心素质的提高，让学生树立起健康第一的原则。而教育理念在体育教学中的转变，不但是对学生提出了更高的素质要求，更是对教师在体育教学中的教育模式、教学手法以及教学内容提出了更高要求，这些都是在体育教学中现代教育理

---

❶ 许肇超，刘宝林，邱志坚. 现代教育理念与教学管理研究 [M]. 长春：吉林出版集团股份有限公司，2017.

念的转变下发生的改变。

二、以学生作为主体的现代教育理念

通常来说,体育教师在以往的教学中占据的都是主体地位,而现代教育理念中要体现的是以学生为中心的教学模式,目的在于为社会培养出综合素质都较强的综合型人才。体育教育作为一门基础学科,在高校的教学中主要侧重于培养学生的身体素质,随着社会越来越进步,其所需要的人才已经不再局限于学历和专业知识能力,这是因为社会上有越来越多的人都处于亚健康状态,所以学校在培养学生同时也越来越注重对学生身体素质的培养。❶ 要培养学生的身体素质,首先就要从体育教学做起,体育教师在体育教学中起着主导作用,所以说,怎样将体育锻炼以及体育素质培养全方位的能力传输给学生,是体育教师应有的责任和应尽的义务,传输这些知识以及技能并不是单纯地讲解或是让学生模仿,而是应该让学生以理解为目的去进行能力训练,在这个过程中不断提升以学生为主体的现代体育素质以及体育锻炼的方式方法,充分体现出以学生为主体的现代教育理念。

三、由传授者转变为学生成长促进者

知识不是一成不变的,这也是为什么会有活到老学到老这一说法,知识的增长不仅对学生是一种挑战,对于教师来说也是一种挑战,体育教师传授知识的职能也会随着知识的增长而发生改变。体育作为一门实践性较强的基础性学科,教师是不能照搬课本上的理论知识进行传授的,体育教材相对来说较少,而且涵盖的内容也比较广泛,理论知识和实践之间本来就有一定的差距,所以体育教师要做的就是指导学生如何去获得自己所需要的知识,把自己所学知识和实践联系起来,达到学以致用的目的。现如

---

❶ 穆飒. 论高校创新型体育教师人格品质及知识能力的培养 [J]. 教育与职业, 2010 (36): 84-85.

今，体育教师在教学中扮演的不再仅仅是传授者的角色，而更应该教会学生在现时代各种心理压力以及困惑下如何面对、如何解决，从传统的传授者或是说教者中走出来，变身成为学生的引导者，成为学生在以后的学习或生活中成长的促进者。[1]

---

[1] 吕园欣. 浅析体育教师的现代教育理念与知识能力结构 [J]. 南京体育学院学报：自然科学版，2014, 13 (5)：4.

第二章

现代教育理念下体育教学的创新发展

随着时代的不断发展，教育理念的更新换代，体育教学得到了很大的进步。人文主义思想融入到体育教学中，既塑造了学生健康的身体，也为学生培养了良好的心理素质以及思想品德，更好地提升了学生的综合素质，也促进了学校体育教学的重要发展。

第一节 体育教学的基本理论知识

一、体育教学的概念及性质

（一）体育教学的概念

在了解体育教学的概念之前，首先要了解教学的概念，二者之间是相通的，了解了教学的概念，便能得出体育教学的概念。

1. 教学概念释义

可以说，"教学"是一种动态行为，是教学工作者对具体的学科或技能组合进行的一种有组织、有计划的教学行为。教学概念主要表现在宏观与微观两个层面。

（1）宏观层面的教学概念

从宏观角度而言，教学是一种特殊的教育活动，它是指教学者以一种或多种文化为对象对受教育者进行教育，从而使受教育者获得这种文化的活动。其中的教学者是掌握某种知识或技能的人，他与接受教育的人共同构成教学活动的主体。

（2）微观层面的教学概念

从微观角度而言，教学是一种直观的由教师进行教授和学生进行学习的活动，在这一活动中，教师是教学活动的引导者、组织者，在教学中起主导作用；学生是教学的"受众"和主体，二者缺一不可，缺少了任何一方，教学活动便无法进行。简而言之，教学是一种以特定文化为对象的"教"与"学"的活动。

总的来说，教学是一种教育活动，这种活动需要教师和学生的共同参与，并为了实现某一具体的教学目标而相互协作，教学活动是教师"教"和学生"学"的结合。❶

2. 体育教学概念释义

根据教学的基本概念可知，体育教学是按照一定的计划和课程标准进行的有目的和有组织的教育过程。我们可以从以下三个方面来理解体育教学的基本概念。

（1）体育教学是教育的一部分

体育教学是指在体育教师的指导下，从生物科学、教育学、心理学、社会学、哲学等学科中获得知识，在体育与健康方面，有计划、有目的、有组织地以身体锻炼为载体的活动，它与德、智、美、劳的教育课程相配合，共同促进学生身心全面发展。现代体育教学中，除了对运动能力方面的教育还有些许欠缺，在体育运动与体育活动、训练方面的教育都较为成熟，能够提高学生身心发展的基础修养。作为教育的一部分，体育教学的部分内容与方法也是素质教育内容和方法的体现。

（2）体育教学是一门特殊学科

一般而言，体育教学主要是由体育教学目标、教学内容、教学方法、教学评价等多种要素组成。体育教学是一种特殊的教学课程，它以发展学生体能、增进学生身心健康为主要目标，它与德、智、美、劳相配合来促进学生身心的全面发展。体育教学最重要的教学组织形式是课程教学。具体来说，体育课程教学指的是特殊的课程教学，它的开展主要是为了实现教学目标，促进学生德、智、体、美的全面发展，同时促进学生体能与身

---

❶ 马波. 现代教育理念下体育教学的发展和探索［M］. 北京：中国商务出版社，2016.

心的健康发展。体育课程教学注重学生对体育运动的知识与技能的学习与掌握，但对学生的体育实践活动、情感发展以及适应社会的能力的关注还不够。

（3）体育教学是一项体育活动

体育教学是一个有目的、有计划、有组织的与体育活动相关的组合。有学者指出："现代体育教学是为了使学生能在身体、运动认识、运动技能、情感和社会各方面和谐发展而开展的有计划、有组织的活动。"通过体育教学，学生不仅要对理论知识加以了解与熟记，还要在参与实践运动的基础上，掌握一定的体育运动技能。

（二）体育教学的性质

性质是事物本身与其他事物之间最根本的区别，不同的事物，本身的性质也有所不同。体育教学与其他学科教学最根本的区别就在于它本身所具有的体育教学性质。这种体育性质使其具有以下特征。

第一，体育教学实践活动一般在户外，但在现代教育条件下，体育教学场所通常在室内的场馆比较常见。

第二，在体育教学中，师生都要承受一定的运动负荷与心理负荷。

第三，体育教学过程是身体活动与思维活动的结合，并且还有比较频繁的人际交往。

第四，体育教学侧重于发展学生身体的时空感觉以及运动智力。

第五，体育教学更加关注学生自我操作与体验等。

在体育教学中，体育运动技能是教学的主要内容和形式，学生获得体育技能是通过反复的身体练习来实现的。对于运动技能的传授是体育教学与其他学科教学的主要区别之一。

在体育教学中，体育运动技能是学生提高身体素质、完成技术动作的一种方法。学生全面掌握体育运动技能，需要经过几个教学阶段（认知阶段、联系阶段与完善阶段）才能实现。具体来说，在体育运动技能的认知阶段中，学生与体育运动技能之间的联系最为密切，该阶段教学的主要目的就是学生对所学技能的结构、要素、关系、力量、速度等要素进行表象化的认识,从这一角度来看,运动技术不具有人的特性,而只是一种"操作性知识"。

综上所述,体育教学的性质主要表现在"它是一种针对运动技术和知识的教学",在体育教学中,学生学会了运动知识并将之转化为运动技能,同时,学生在获得"操作性知识"的过程中,技能、认知、情感与社会适应性得到提高。

二、体育教学的特点及功能

(一) 体育教学的特点

与其他学科教学一样,体育教学也有以下几个方面的特点。

首先,体育教学和其他学科的教学都属于教师与学生的双边活动。教师与学生在教学活动中会发生各种形式的频繁交流,如语言上的交流和肢体动作的交流等。以往这种交流更多是从教师向学生的方向(教师传授给学生某种知识和技能),现代教学则要求教师开始注重使这种交流从学生向教师的方向。

其次,体育教学和其他学科的教学相同,均是以班级为单位开展教学活动,在实际的教学过程中,班级教学的组成方式会根据需要有所不同,如学生入学时组成的自然班,或根据学生的不同兴趣组成的单项班等。

最后,体育教学与其他学科教学的目的都是为了传授某种知识或技能。

当然,体育教学除了上述与其他学科教学所共有的特点外,其还表现出自身所独有的特点,这些特点主要表现在以下几个方面。

1. 教学环境具有开放性特点

教学环境是指开展体育教学活动所需要的硬件和软件条件的综合。在体育教学中,良好的体育教学环境有着非常重要的影响,如果缺少良好的体育教学环境,那么整个的体育教学质量就会受到很大的影响,甚至会对体育教学的顺利开展产生非常严重的影响。

体育教学实践活动多在室外进行，目前，我国的体育教学多以体育实践课为主，体育教师组织的大多数体育课主要在学校操场进行。与其他学科主要是在封闭的教室、实验室等地方开展教学活动不同，体育教学的教学空间富有变化性，环境更加开放。当前体育教学环境的开放性，决定了体育教学具有不同于室内教学的特殊要求，在室外开展教学活动应注意以下几点。

第一，由于体育课多在操场进行，受到的干扰因素较多，如天气、地形、周边设施与噪声等，所以体育教学的组织管理工作就会愈加复杂，需要精心设计与统筹安排体育教学的组织形式、教学步骤与方法。

第二，室外的体育教学是动态的，大部分的教学时间学生都处在不断变化与形式多样的运动中，而且班级内学生较多，因此，教师可采取分组教学。

第三，在体育教学中，考虑到一些学校的体育基础设施条件较差，体育教师应重视学生的安全教育。

2. 教学过程具有直观性特点

体育教学过程具有一定的直观性特点，这主要体现在讲解、示范和教学组织管理三个方面。

（1）教学内容的重点讲解

在体育教学过程中，教师讲解体育教学内容，除了要达到其他学科教师讲解的要求外，还要求体育教师的语言更加生动，并且富有一定的肢体表现能力，以使学生有形象、贴切、有趣的感觉。尤其是在某些拥有较难技术动作的体育运动教学中，教师不仅要对体育教学的重点进行详细描述，还要用生动、形象的语言把复杂的技术动作进行简单化的讲解，由浅入深、由表及里、由简入繁，以便于学生理解。

（2）体育动作技能的示范

在体育教学过程中，每一项体育项目的教学都涉及技术动作或战术配合，为了加深学生的理解和认识，教师有必要进行动作示范和实践演示。

在教师运用示范法时，需要运用非常直观形象的动作示范，其中包括正确动作的演示和错误动作的演示，这些演示都要非常直观地展现在学生眼前，不能有任何的艺术加工和变形，这样才会使学生从感官上直接感知动作的正确与错误，以利于他们建立正确的、清晰的运动表象。当学生建立正确的动作表象后，再配合教师的讲解，使之与思维结合起来，从而掌握体育知识、体育技术和体育技能，改善身体素质，提高技能水平。

（3）体育教学组织与管理

在体育教学中，教师与学生接触更多，关系更融洽，对学生的组织与管理也带有直观性，要更加富有责任心、更具有活力，身体力行，这对学生的身心来说也是一种无形的教育。这样有助于教师对学生的观察与帮助，把控教学过程，也能为学生创造轻松的教学环境，使学生在教学中表现出来的言行都是他们最为真实的一面，有利于体育教师获得正确的教学反馈，并及时修正。

3. 技能学习具有重复性特点

在体育教学中，技能学习是体育教学的主要内容，学生的技能学习是一个长期的过程，在这一过程中，需要学生持续、反复地练习技能。体育教学最基本的目的是使学生掌握一定的运动技能，而要达到这一目的，就必须重复学习运动技能，促进学生完成运动参与，增强学生的身心素质和社会适应性。

运动生理学的相关研究表明，运动技能的形成具有一定的阶段性和规律性，运动技能形成大致分为四个阶段：练习分解动作阶段、练习连贯动作阶段、独立完成连贯动作阶段和熟练完成连贯动作阶段。学生要想熟练掌握某一项运动技能，需要经过长期的反复练习。学生无论是掌握篮足排运动中的复杂技能，还是学习体操中的滚翻、田径中的跑等技能，都需要经历由不会到会、由简单初步学习到复杂深入学习、由不熟练到熟练的发展过程。在此过程中，体育教师要严格遵循循序渐进的原则，逐步指导学生掌握各种运动技能，并根据不同运动技能的特点，合理安排练习内容和时间，通过反复练习，促进学生运动技能的掌握与提高。

4. 身体活动具有常态性特点

在体育教学中，学生身体活动的常态性与技能学习的重复性之间有着非常密切的关系，学生需要不断重复学习体育运动技能，这也决定了学生要经常进行身体活动才能完成教学任务。由此可见，体育教学具有身体活动的常态性特点。

身体活动的常态性是体育教学最为突出的一个特点。同时，从教学内容和教学目标的要求来看，对身体活动的要求是体育教学与其他学科教学最大的不同之处。

文化类学科（如语文、数学）的教学，多在教室（或实验室、多功能厅）进行，且要保持相对的安静，这样才能激发学生的思维并产生很好的学习效果。而和这些学科相比，体育教学却恰好相反，其教学的地点多为户外或专用运动场馆，普遍较为宽阔，而且在大多数时间的运动技术练习环节并不需要保持安静，学生之间、学生与教师之间都可以随时进行相关的交流和沟通，如此才更有利于其对运动技术的学习。

在体育教学中，几乎所有内容都涉及身体活动，或者是为即将到来的身体活动做准备的活动，这就是对作为"身体知识"的体育教学的最好诠释。在体育教学过程中，不仅是学生要进行具有一定运动负荷的运动，教师在做示范、做指导和参与到组队教学赛中也需要付出不少体力。可见，在体育教学中，无论教师还是学生都具有身体活动的常态性。

5. 身心练习具有统一性特点

身体与心理的发展具有密切的关系，现代健康新理念认为，生理健康和心理健康都是健康的重要内容，二者还可以相互影响。研究证实，身体健康有助于改善心理健康，而心理健康也可以影响身体健康。

体育教学的根本目标在于促进学生身心的全面发展，具有要求学生身心共修的特点。体育教学重视对学生身体的改造，与此同时，它还强化学生的心理与多种适应能力的发展。而在其他学科的教学中便无法达到这样的效果，这主要在于体育教学营造了不同种类的教学情境，一系列积极的情境使参与其中的人在潜移默化中受到感染。在体育教学中，学生的身心发展看似是多元的，但实际上在过程中是一种身心统一的锻炼，即达到身体与心理的共同拓展和发展，表现出十足的统一性。身体发展是基础，心理发展依赖、并能促进身体发展。体育教学不仅可以促进学生掌握技能、发展身体、增强体质，而且有利于培养学生的思维方式和良好的心理品质，促进学生身心的全面发展。

6. 人际关系具有多边性特点

体育教学过程是教师与学生、学生与学生进行互动的过程，这种互动过程在体育教学中占据重要位置，体育教学中的人际交往具有多边性的特征。现代体育教学的组织形式主要在单人、双人、小群体以及全班之间不断转换，要求学生在不同的时空内完成不同的身体运动、不断地变换角色地位，彼此之间建立多种不同的联系。因此，在体育教学中，师生之间、生生之间、小群体之间具有频繁且形式多样的人际交往。

针对体育教学过程中人际关系的多边性特点，体育教师可以运用多种方式与学生进行交流与沟通，并引导学生相互之间进行配合、鼓励与评判，让学生在体育课堂中初步体会社会交往，培养学生的合作意识，提高其人际交往能力。

7. 教学内容具有情感性特点

体育教学的内容非常丰富，通过体育教学内容的学习，学生可以普遍从中体会到源自体育的丰富情感。具体而言，学生丰富的情感体验在体育教学中主要表现在以下几个方面。

第一，体育具有美育价值，在体育教学过程中，师生可以体会到只有体育才能赋予人的人体美和运动美。一方面，学生通过接受体育教学，掌握体育健身的方法和技能，以此达到运动塑身的效果，使身体外在形态保持优美的线条和良好的身材比例；另一方面，学生通过练习不同运动，可以认识到人体不同的动作展现，通过体育教学中对美的感受，可以提高学生的审美能力。既然有美的存在,那么就要有欣赏美的人和能够欣赏美、懂得如何欣赏美的能力。动作美和肌肉的动态美,这种美只有在运动中才能看到,是极为外显的美。

第二,在体育教学过程中,学生通过参与体育活动可以陶冶情操,平衡心态。例如,学生在关键时刻能始终保持冷静的心态,或是在胜利时表现出谦虚的姿态等。

第三,体育教学能使学生真正领悟体育精神。每一项运动都向人们表现出了不同的美的特点和审美特征,如球类运动可以表现个人对球类技术的掌握能力,集体球类项目中除了个人能力外,还包含了与队友之间的协作和互助精神。这些内容都是人类积累下来的丰富的体育内涵,而通过体育教学能促进学生感受到体育的精神美,掌握体育的精髓。

第四,体育教学是一种创造性的社会活动,其创造的成果就是让学生获得内在的顿悟和精神上的启迪。同时,体育教学沟通着学生与学生、教师与学生,有利于提高学生的社会适应能力和应变能力。[1]

(二)体育教学的功能

体育教学的功能主要体现在健身、健心、健美、教育、社会及传承等几方面,下面就这几方面的功能展开具体分析。

1. 愉悦身心的功能

(1) 健身功能

在体育教学中,学生必然要通过身体练习来参与体育学习,这样学生在练习中就需要承受一定的运动负荷,这种负荷会在不同程度上刺激与影响学生的机体,练习内容、练习持续与间歇时间、练习量、学生的体质等因素会影响运动负荷对学生机体产生的刺激程度。例如,在田径运动教学中,学生进行短跑练习能够使自身的肌肉速度素质提高,参与长跑能够使自身的心肺功能增强。然而,在练习中,需要掌握一定的度,也就是需要合理安排负荷量,如果进行过量的身体练习或超负荷的身体练习,不仅不

---

[1] 马波. 现代教育理念下体育教学的发展和探索 [M]. 北京:中国商务出版社, 2016.

会达到健身的效果，反而会对机体造成伤害。

健身功能的发挥也与学生的体质有着一定的关系，如果学生的体质比较好，就可以参与运动强度较大的练习，倘若学生的体质较差，但仍进行与体质好的学生同样强度的练习，就会损害其身体健康。所以，要想将体育教学的健身功能充分发挥出来，就需要遵循体育教学的基本规律，这样学生参与其中才能达到良好的健身效果。

（2）健心功能

体育教学不仅有利于学生的身体健康，而且有利于学生的心理健康，这主要从以下几方面体现出来。

①保持良好心情。学生在参与体育运动技能学练时，需要遵循一定的节奏规律，而且上下肢需要协调配合，身体的各个部位全部参与其中，这样才能完成规范动作的练习。全身部位参与体育活动有利于肌肉的紧张得到缓解，有规律的节奏能够使学生舒缓神经，情绪不断缓和，从而享受到体育运动带来的乐趣。在体育锻炼的过程中，学生全身肌肉基本上处于放松状态，其精神也随着身体的放松而不断放松。所以，进行体育锻炼不仅能够使学生获得有效的休息效果，而且能够使其维持良好的情绪与心情。

②缓解紧张情绪。学生在日常学习中会承受不同程度的压力，各种各样的压力使学生的精神总是处于低落与紧张的状态。学生可以在课余时间选择自己喜欢的环境进行体育锻炼，其在自己所选择的环境中参与体育运动有利于获得轻松愉快的心情。所以说，体育运动锻炼有利于学生紧张情绪的缓解和愉悦心情的保持。学生通过参加校园体育运动能够使自身的紧张情绪得到调节，从而产生愉快的感觉，使自身的神经系统保持兴奋的健康状态，从而轻松地投入学习中。

③防治心理疾病。随着现代社会不断发展，人们的生活质量得到了较大的改善和提高，但社会竞争压力也越来越大。这一客观实际势必会对人们的生理健康造成消极的影响，同时，人们在巨大的压力下很容易产生心理疾病。对于学生而言，主要压力来自学习，一些学生在学习过程中常常

因为无法正确处理一些问题而导致心理疾病。

在生理上，心理疾病主要表现为没有食欲、体质下降、有睡觉的欲望但总会失眠；在精神上，心理疾病主要表现为情绪低落、精神不振、没有自信、心里郁闷、经常处于急躁状态等。这些心理疾病症状会影响学生的正常学习与生活。现代科学研究表明，参加体育运动锻炼能够有效预防上述心理疾病症状的产生。经过体育锻炼之后，学生往往会觉得身心轻松、心情愉悦，具有饱满的精神，这就有利于防止心理疾病的发生，从而使学生的心理保持健康积极的状态。

2. 健美塑型的功能

健美体型的塑造离不开健康这一最为基本的条件。健康不仅仅指没有疾病，还包括多个方面，如正常发育、体型匀称、五官端正、有光泽的肌肤和健壮的肌肉等。人类社会特有的审美观能够通过这些健康的内涵充分体现出来。每个学生都希望具有健美的好身材，然而因为受到先天遗传因素和后天诸多方面因素的限制，这种希望有一定的难度。

大量实践证明，经常参加体育锻炼能够从不同程度促进学生身体不同部位的发育与生长。学生在体育教学活动过程中，身体所需要的能量很多，身体内脂肪在氧化分解反应后所产生的能量是身体所需热量的主要来源，因此，有规律地参与体育运动能够使学生拥有比他人更加完美的身体线条，从而表现出优美的体型、姿势和动作。

3. 增强教育的功能

（1）德育功能

在体育教学中，体育教学活动需要集体参与才能完成。根据体育运动或游戏的规则，运动竞赛或游戏要想顺利进行，必须依靠参与者自觉遵守既定规则。因此，体育运动开展的前提是守纪守则，运动取胜关键要靠集体的团结配合。

体育教学与比赛可以培养学生良好的遵纪守则的习惯。学生要想取胜，必须认识到团结互助、协调合作、发挥集体力量的重要性。在体育练习或比赛（游戏）中，学生还要懂得关心同学、尊重对手、尊重裁判，自觉遵守体育课堂秩序。此外，系统的体育教学对陶冶学生良好情操、塑造学生完美人格同样具有重要的作用。

（2）智育功能

在学校体育教学中，学生积极参与体育课堂教学活动及课外活动，能够大幅度地促进自身智力水平的提高，这主要体现在以下三个方面。

①增强神经系统功能。第一，学生在学习体育的过程中会不可避免地参与体育运动，通过参与体育运动，学生神经系统的功能将会增强，主要体现在其大脑的兴奋和抑制过程会变得比以前更灵活，这使其能够迅速地对一些刺激做出准确的反应，从而在一定程度上促进智力水平的提高；第二，一个人的左脑和右脑相比，后者在信息容量、形象思维能力以及记忆容量等方面都优于前者，学生积极投身于体育运动的学练中能够不断地锻炼自己的右脑，从而使右脑在容量与能力方面的优势充分发挥出来；第三，学生参与体育运动，能够促进自身血液的循环与流通，促进自身呼吸系统功能的提高，这就能够将大量的养分提供给大脑，从而促进大脑记忆、思维和想象力的发展，最终促进综合智力水平的不断提高与发展。

②提高脑力工作效率。学生长期坚持参加各种各样的体育运动，能够有效地促进自身应激反应的减缓，起到良好的健身和提高脑力的效果。一个人的血压和心率会受到肾上腺素受体数目或敏感性的影响，因此一个人的生理也就会受到特定应激源的影响。冷静思考与欣赏音乐能够促使一个人皮肤电反应速度的降低，这种现象是从强烈的应激情境中变化而来的。而参与体育运动对人体产生的这一影响将会更加明显与有效，这是国外相关人员经过研究而得出的结果。当学生处于静止状态时，很容易在生理上产生应激反应，而体育运动能够促使生理应激反应减少，从而提高脑力工作的效率，进一步提高学生的学习效率。

③消除疲劳，振奋精神，开发潜力。疲劳是一种综合性的症状，学生受学习竞争压力的影响，难免会出现一定的身体或心理疲劳。如果一个人

参与一些活动的态度是被动消极的，或者所从事的工作超出了自己的能力范围，这时其在心理与生理上都容易出现疲劳症状。人的大脑皮层能够对自身的随意活动进行调节，学生在学习体育之外的其他学科时，大多是学习一些文化知识理论，这时其大脑皮层的有关区域所处的状态是高度兴奋的，学习时间越长，大脑中就越容易出现保护性抑制，学习效率就会不如先前。

学生在学习体育学科时，通常不仅要学习理论知识，还要学习实践技能，可谓是脑力与体力活动的有机结合，这样的结合有利于使学生的运动神经中枢处于兴奋状态，从而大脑中与学习文化知识相关的中枢就有了交替的休息时间，这对因脑力劳动而导致的疲劳的消除是有利的，从而也有利于促进学习理论知识的效率的提高。除此之外，学生通过过参与体育运动，能够促使自身身体素质的加强，从而维持较高的健康水平，这样学生就有充足的精力投身于文化课的学习中，并在学习过程中不断开发自身的潜力，提高自己的学习能力和水平。

（3）美育功能

体育教学具有提高学生审美意识与审美能力的重要作用。健、力、美同时蕴含于体育运动中，静态的人体造型和动态的运动节律都具有美的特质，都表现出人们向往美的意愿。体育运动的"美"不仅在运动过程中突出，而且在运动结果上也有淋漓尽致的体现。运动参与者主要从以下两方面获取成就感与审美感：一方面是运动参与者能通过科学体育锻炼而获得完美的身体曲线，另一方面是运动参与者能通过激烈与公平的比赛而取得优异的成绩。

学生对体育运动的审美意识也可以通过体育教学来培养，体育教学可以帮助学生树立正确的人体及运动的审美标准，使学生体验积极、健康的审美情感，进而提高学生的美学素养。

4. 社会教化的功能

(1) 社会同化功能

体育教学的社会同化功能主要是指学生的社会化过程。学生的社会化也是体育教学的一个重要目标,学生社会化的内容与要求与体育教学的"教化"目标是一致的。这主要是由于学校要想与社会环境保持一种协调与平衡的关系,就需要深入开展体育教学活动,使体育教学充分发挥自己在身心素质培养与促进学生社会化方面的作用与功能,从而促进学生的社会化进程。

(2) 社会传播功能

学校向社会传播体育的精髓,主要是通过体育教学活动,开展体育教学有助于促进整个社会体育的发展。正因为体育教学具有社会传播的功能,因此其也深深地影响了社区体育和全民健身运动。体育教学需要通过体育文化的延伸发挥传播功能,以学校体育文化的不同延伸方向为依据,可以将其分为两个方面,即纵向延伸与横向延伸。

纵向延伸指的是学校体育教学在时间上所产生的延续性影响,具体是指在学校,通过开展体育教学活动引导与培养学生这一主体的体育意识和行为,以学生为载体,在时间上延续对学生体育意识与行为方面的影响,从而广泛影响大众体育和全民健身活动。横向延伸指的是学校体育教学在空间上产生的拓展性影响。具体是指,学校通过举办开放性的体育活动,将校内的体育场馆设施向社会开放,并以此途径来对学校体育精神进行积极的弘扬,从而更加有效地传播我国的体育文化。

(3) 社会辐射功能

体育教学的社会辐射功能主要是指学校体育的文化态势会对社会产生广泛的影响。学校这一场所担负着对精神文明进行传播的职责,因此这一场所的文化层次与品位要高于其他场所。从个人方面而言,一个人不断学习与深造不仅要对专业知识与其他知识进行学习与掌握,而且要用心接受精神文明的洗礼,促进自身思想道德水平和修养的提高,使自身养成文明的行为习惯，这样在步入社会之后一定会积极影响他人，发挥自己的有利价值。从群体方面而言，作为一个整体，学校是由许多个体共同组成的，通过开展体育教学活动，个体的行为素质与修养提高了，必然会促进整体素质的提高。

体育教学通过不同的传播载体与传播形式，能够对家庭体育和社会体育的内容及形式产生积极的影响。例如，学生能在体育教学活动中养成良好的体育锻炼习惯，步入社会之后这一良好的习惯会随着其生活方式、行为习惯向社会传播，这就体现出学校体育教学所具有的社会辐射功能，这一功能的发挥，同时也有利于促进学校体育社会化进程的加快。

5. 传承文化的功能

体育教学具有符合一定教学规律的系统结构，从宏观角度来看，体育单元教学计划由体育课累加而成，体育学期教学计划由各个单元教学计划累加而成，学年教学计划由两个学期教学计划累加而成，依此类推，小学、中学等学段的教学计划得以形成。从微观视角来看，学生掌握的完整运动技术是由多个小的运动技术累加而成的，学生学到的运动技能又是由多个项目的完整运动技术累加而成的。

综上所述，学生参与不同学习阶段的体育教学活动后，能够掌握比较完整的体育知识、文化以及运动技能，这时，体育教学的文化传承功能就能够得以实现。❶

三、体育教学中的基本目标

（一）体育教学目标概述

1. 体育教学目标的概念

体育教学目标是指在一定时期和空间范围内，学校体育实践所要达到的要求、结果和标准，是学校体育指导思想和目的的具体体现。体育教学目标的内涵主要表现在以下几个方面。

---

❶ 马波. 现代教育理念下体育教学的发展和探索 [M]. 北京：中国商务出版社，2016.

第一，体育教学的目标是指在一定的活动空间和时间内，学校体育实践所要达到的预期效果，强调"一定的活动空间和时间"，说明体育教学目标具有一定的阶段性和区域性。

第二，体育教学的目标是特定价值取向的反映，具有较强的可操作性。通常来看，学校体育的目标会对学生通过学校体育学习后将能完成的体育项目有明确具体的描述，它明确规定了学生预期的学习结果，所采用的行为动词也会明确、可测量、可评价。

第三，体育教学目标是一种对未来的预期，因此，体育教学目标实际上是一种尚未完成的事项，是一种期望达到的境地，它是对学校体育学习结果的期待和前瞻，从一定程度上激励着教师和学生共同努力，以促进体育教学目标尽快实现。

2. 体育教学目标的分类

按照不同的划分标准，可以将体育教学目标划分为不同的层次和类型。对于体育教学来说，教学目标可分成许多小目标，教学目标的每一种分类下又有子条目，如长期目标下又有总目标和分期目标等；条件目标下又分为管理条件、师资条件、场地器材条件等。这些目标共同组成了一个层次分明的体系。

依据布鲁姆的教学目标分类理论，体育教学目标主要有以下几种类型。

（1）认知领域分类

体育教学中认知领域的教学目标，按照从简单到复杂的顺序分为知识、领会、应用、分析、综合、评价六个层次，如表2-1所示。[1]

表2-1 认知领域的教学目标分类

层次	一般目标举例	行为动词
知识	知道体育领域的名词和基本概念	界定、描述、指出、列举、选择、说明

---

[1] 龚坚. 现代体育教学论 [M]. 重庆：西南大学出版社，2009.

续表

层次	一般目标举例	行为动词
领会	理解动作要领和有关知识,将有关知识从一种形式转换成另一种形式	转换、区别、估计、解释、归纳、猜测
应用	应用概念及原理于新情况,应用定律及学说于实际情况	改变、计算、示范、发现、操作、解答
分析	评鉴资料的相关性,分析一项作品的组成结构	关联、选择、细述理由、分辨好坏
综合	写出一组完善的动作要领	联合、创造、归纳、组成、重建、总结
评价	运用内在材料评判所学内容的价值,运用外在标准评判所学内容的价值	鉴别、比较、结论、对比、检讨、证明

(2)情感领域分类

在体育教学中,将情感领域的教学目标,按照价值内化的程度分为接受、反应、价值评价、组织、由价值或价值符合体形成的个性化五个层次,如表2-2所示。

表2-2 情感领域的教学目标分类

层次	一般目标举例	行为动词
接受	注意听讲,显示已了解学习的重要性,显示出对体育锻炼的敏感性并参与体育活动	把握、发问、描述、命名、点出
反应	完成规定练习 遵守学校规则 参与课上讨论 显示出对体育课的兴趣	标明、表现、遵守、讨论、呈现、帮助
价值评价	欣赏健康体育 欣赏体育在日常生活中所居地位 显示出解决问题的态度	邀请、验证、完成、阅读、报告、分享

续表

层次	一般目标举例	行为动词
组织	承认解决问题系统规划的重要，接受自身行为的责任 了解并认知自身的能力及限度，形成一个与自身能力和兴趣相协调的生活计划	坚持、安排、修饰、比较、准备、关联
由价值或价值符合体形成的个性化	表现具备良好的思想品德，显示在独立完成动作时的自信心，实践在团体活动中的合作态度，保持良好健康的习惯	建立、分辨、倾听、实践、提议、品质

（3）动作技能分类

在体育教学中，动作技能领域的教学目标分为知觉、定势、指导下的反应、机制、复杂的外显反应、适应、创作七个层次，如表2-3所示。

表2-3 动作技能领域的教学目标分类

层次	一般目标举例	行为动词
知觉	口述器械及各部分名称，复诵动作要领	描述、使用、抄写、理解、解释
定势	评量身体起始动作，调查反应意愿	选择、建立、安置
指导下的反应	描述所观察教师的示范动作并能够正确模仿	制作、复制、混合、依从、建立
机制	正确、熟练地做出技术动作	操作、练习、变换、固定
复杂的外显反应	完成精确的技术动作 演示复杂的技术动作 完成一套连贯的技术动作	组合、修缮、专精、解决、折叠
适应	迅速有效地掌握新动作 根据已知能力或技术创编技术动作	改正、计算、示范

续表

层次	一般目标举例	行为动词
创作	改良动作技术 发现新的练习方法 创造新的表演方法	设计、发展、创造、筹划、编辑

(二) 制定体育教学目标的依据

1. 依据人体发展规律

在体育教学中，体育教学的对象是学生，体育教学内容实施的客体则是人体，因此，人体发育的规律对体育教学活动的开展有着重要的影响。在人体发育过程中，主要有几个敏感期，这些敏感期对体育素质的培养非常关键，抓住这几个敏感期进行体育教学可以达到事半功倍的效果。调查研究发现，按照我国国民的个体发育规律，各项素质发展的最高峰的年龄主要集中在学生时期，特别是大学时期。因此，学生在接受学校教育期间，一定要设置一个科学、合理的体育教学目标和教学计划，而体育教学目标和计划要遵循人体发展的规律。

2. 依据学生个体需要

在体育教学中，学生处于主体地位，一切体育教学活动都围绕学生进行。因此，学生的需要是体育教学活动开展的主要内容，也是体育教学目标制定的依据。在制定体育教学目标时，要充分考虑学生身心发展的需要和学生学习的需要、学生当前的需要和学生长久的需要以及学生天赋的自发需要和学生在后天的体育过程中形成的自觉需要，要了解在特定情况下学生的特殊需要，制定符合学生体育学习实际的教学目标。

3. 依据体育教学发展需要

学校体育不仅是学校教育的重要组成部分，同时又是体育的重要组成部分，这种双重属性决定了体育教学目标的制定必须与学校教育和体育的发展相适应。一方面，学校体育的目标要与学校中的整个教育体系相契合，不能违背学校教育的总体目标，要在适合学校教育的基础上促进学校教育的发展；另一方面，要把学校体育的目标作为国民体育阶段性目标的一部分，体育教学目标的制定要能体现为国民体育提供广泛的人才基础，促进体育的发展。

4. 依据学校体育教学条件

在体育教学中，制定学校体育教学的目标必须要考虑开展学校体育的环境和条件，仔细研读国家出台的有关学校体育方面的政策规章，仔细考察学校的师资状况、场地和设备的情况、经费的来源和支出等，力求使学校体育的目标制定符合国家的要求，符合学校的实际情况，并结合学校教育和学校体育的发展趋势，对未来学校体育的中期和长期目标做出适当的安排，否则教学目标将会缺少实现条件，成为空想。

（三）体育教学目标的实现途径

1. 体育教学课

体育教学课是体育教学活动的重要组成部分，体育教学课能使学生系统地学习和掌握体育基本技能和体育卫生保健知识，增强学生的体质，全面发展学生身体，并对学生进行思想品德教育，是实现体育教学目标的重要途径之一。

体育课是国家教育部制订的教学计划中规定的各级各类学校，在九年义务教育和大学教育期间都应该开设的必修课。每个教育阶段所开设的体育课都有相应的课程标准或教学大纲，并按一定的班级授课。一般从小学一年级到大学二年级，体育课每周有两学时，有的省市也在试行每周三学时。体育课有统一的体育课本和一定的场地器材设备做保证。通常情况下，体育课是学生毕业、升学考试的考试科目之一，每学期或学年都要进行相应的考核。

2. 课外体育活动

课外体育活动是学校体育的重要组织形式，它是指正式体育课之外的学校体育活动，是《学校体育工作条例》规定的各级各类学校必须开展的工作，其活动形式和时间安排由学校工作计划和学校体育工作计划确定。课外体育活动是学校体育的重要工作，是实现体育教学目标的重要途径。

课外体育活动的内容非常丰富，主要包括早操、课间操、课外体育锻炼、个人体育锻炼、班级体育锻炼、课余体育训练、课外运动竞赛以及节假日组织的郊游等各种形式的体育活动。

在体育教学中，课外体育活动在增进学生的体育知识和技能、丰富学生的课余生活、培养学生的体育兴趣、形成良好的作息制度和习惯、提高学生学习和生活的质量等方面都具有重要作用和意义。

第二节 体育教学活动开展的基本原则

一、全面发展原则

促进学生身心健康、全面发展是体育教学的重要目标和任务，同时，也是体育教学中教师组织和实施教学过程必须遵循的基本原则。在体育教学中，除了应促进学生身体健康外，还应将体育教学与心理学、美学和社会学等学科知识结合起来，全面提高学生智力、心理素质、美育（感）和能力等，以培养适应社会主义现代化建设需要的人才。贯彻体育教学全面发展的原则需要注意以下几点。

第一，体育教师应在体育教学中认真学习和领会体育教学大纲（或课程标准）精神，全面贯彻教学大纲（或课程标准）的目标和要求。

第二，体育教师应树立现代体育教学价值观念。用现代体育教学价值观去评价和衡量现代体育教学质量。现代体育教学除了具有一定的生物学价值，还具有心理学、教育学、社会学及美学的价值。

第三，在体育教学的各个阶段（准备、实施、复习、评价等），通过制定教学任务、选择教学内容和运用各种教学手段及方法，都应注意增强学生体质并促进其全面发展。

第四，在体育教学工作计划制订和教案的编写过程中，应在课堂中给予学生足够的身体练习时间，并在教学过程中重视学生的心理发展，实现身心发展的统一。

二、自觉积极原则

在体育教学过程中，学生的主观积极性是提高教学质量的重要途径。要遵循主观积极性原则要做到以下几个方面的要求。

第一，培养学生自学、自练、自评的能力以及学习的内在动力。学生自学、自练、自评的能力是其参与体育锻炼、养成终身体育锻炼意识的重要基础。教师应为学生自学、自练、自评能力的培养与发展创设一个良好的外部环境，培养学生主动学习和锻炼的意识。

第二，了解和熟悉学生的状况。教师作为教学的主导者，要充分了解学生的情况，包括学生的兴趣、性格、健康状况等，这些都将成为教师发挥自身主导作用的良好条件，教师可以根据对学生的了解对症下药，运用学生感兴趣的讲解、示范、组织方法来引导学生主动积极地参加体育运动。

第三，充分发挥教师的主导作用。教师作为主导者，也要积极培养学生自学、自练、自评的能力，激发学生学习体育运动的内在动力。另外，培养学生正确的学习动机，对于学生发挥其主体作用有着重要意义。

三、循序渐进原则

在体育教学中，要遵循由简到繁、由易到难、由表面到内在等原则，极力避免揠苗助长式的教学。这就是体育教学的循序渐进原则。循序渐进原则需要做到以下三个方面的要求。

第一，制定好教学文件、安排好教学内容。在保证教学文件和教学内容都安排妥当的情况下，才能执行教学工作。因此，在进行教学工作之前一定要制订系统科学的教学计划方案，力争在教学计划中的知识点、课、周、学年等周期都能前后衔接、环环相扣、逐步提高。

第二，不断提高生理负荷，提高体育教师的素养。不断提高学生生理负荷以及体育教师的自身素养是体育教学循序渐进原则的主要表现，由于人的有机体需要经过一定时间的适应，因此，学生的生理负荷要采用波浪式的形式来逐步地、有节奏地提高，课程交替有节奏地安排。合理地利用超量恢复是生理负荷提高的有效措施。

第三，教师要不断提高自身的文化素养，深刻了解学生身心发展的一般规律和特点，了解各项教材的系统性以及各项教材之间的关系。

四、负荷合理原则

合理安排负荷原则包括两个方面，一是生理负荷，二是心理负荷。

第一，合理安排生理负荷。生理负荷的安排要参考教学目标和学生身体实际情况等多方面因素。从具体安排合理负荷的细节来看，还应注意新授课内容和已学内容在负荷方面的不同，并做出相应的调整。教材性质的不同导致它对身体机能的不同作用和影响也是需要全面考虑的。

第二，科学合理地安排休息方式、休息时间和心理负荷，对于顺利达到理想的体育锻炼效果有着重要作用。在安排心理负荷时，要注意将其与教学进程和生理负荷相关联，使其呈现出一种高低起伏、节奏鲜明的状态，彼此协调、相互补充。

五、巩固提高原则

在体育教学中，要注意巩固与提高学生学到的知识和运动技能。体育教学多为身体的练习，一般来讲，如果这种练习不能得到巩固，就会随着时间的延长而消退，因此，在体育教学中遵循巩固提高原则是十分必要的。

第一，体育教师应合理安排训练计划。让学生进行反复的强化练习，增加练习的密度，不断巩固运动条件反射，使其获得进一步的巩固和提高。制订合理的训练计划是避免机体在巩固提高的过程中出现过度疲劳而受到损伤。

第二，体育教师应重视良好体育教学方法和训练方法的选择。在教学中，可采用改变教学方式或者改变练习条件来达到巩固提高的目的。

第三，体育教师应合理增加运动密度和动作重复的次数，反复强化，不断巩固运动条件反射，提高学生技术水平、身体素质和体育能力。

第四，体育教师要给学生布置适量的课外体育作业或家庭体育作业，将课内课外结合起来，以达到巩固提高的目的。

第五，体育教师应不断提出新的学习目标，培养学生持续参与体育学习，并帮助其养成良好的体育锻炼习惯，从而促进其运动技能稳步、有序地提高。

六、因材施教原则

不同学生之间存在着一定的差异性，因此，在体育教学中应重视不同学生及同一学生不同阶段的差异，采取因材施教的方式进行教学。遵循因材施教的教学原则，应做到以下几点要求。

第一，了解学生。要想做到因材施教，首先就要对学生的真实情况和特点进行了解，如学生所掌握的体育运动知识，学生的兴趣爱好、运动基础、体能状况等。通过了解这些情况，从中找出共性与个性，才能以此作为因材施教的依据。因材施教原则对教学条件有一定的要求，因此在制定教学目标时，教师需要综合考虑教材、学生特点、组织教法以及上述各方面的客观条件，从而更好地贯彻因材施教的原则。

第二，引导学生正确对待个体上的差异。差异的存在，如果利用恰当，还是一个教育鼓励学生之间互相帮助，培养团队意识和集体精神的好方法。

学生之间的运动天赋和对体育的了解各有不同，要在体育教学中贯彻个体差异性原则，教师应在自己充分了解学生个体差异性存在的基础上，向学生讲解个体差异的存在，并引导学生正确看待差异。差异的存在是客观的，然而这不能成为歧视天赋较差的学生的理由，同时教师也不能过分偏爱天赋较好的学生。

第三，选择适合不同学生特点的教学方法。在体育教学中，有些项目不能根据"等质分组"的原理来处理针对性教学的问题。因此，教师在面对这种情况时，就要运用其他方法来对待个体差异性，如安排"绕杆跑""定点投篮"等教学方法。这些项目的设立是为了能给在某些项目中没有任何特长的学生，让他们依旧对体育产生兴趣，而不是因为某项运动的成绩太差而觉得自己成为体育课堂的"局外人"。体育教师应让每一个学生都参与到体育教学活动中来，体验运动的快乐。

第四，强调学生个体差异性与统一要求的结合。在体育教学中，提高全体学生的综合素质是每个教师的目标，因此在制定教学目标时，都会考虑到目标的可行性，并且要满足大部分学生的要求。学生的个体差异是客观存在的，教师应在教学中充分重视这点，但是体育教师也要立足于整个班级的教学，对学生统一要求，以促进学生完成教学任务，达成体育教学目标。良好的教学就是在完成体育教学任务的基础上，使每一个学生都得到发展。

七、专项教学原则

发展到现在，体育教学的内容是丰富多彩的，不同内容的体育教学对学生的要求是不同的，因此，体育教师应结合体育教学项目的特点和规律开展体育教学活动，在促进学生基本身体素质提高的基础上，发展运动专项能力，提高运动水平。

体育教学的专项教学原则要求体育教师重视学生专门性知觉的优先发展。体育运动通常是在具体的运动环境中进行的，以篮球为例，篮球运动围绕篮球、篮球场地以及场地上的器材进行，运动过程中，学生对环境和器材的感知是专门性知觉发展的过程，其中手指、手腕对球的控制能力在篮球教学中至关重要，因此教师应重视学生对球控制能力的优先发展。

八、终身体育原则

终身体育是当前科学的教育理念，同时也是体育新课程标准对体育教学的基本要求。因此，培养学生终身体育思想、促进学生终身体育习惯的养成是体育教学应遵循的基本原则之一。

第一，培养学生的终身体育意识。教学中教师要善于发现学生的体育爱好与技术特长，并加以引导培养，并以此来激发学生对体育学习的兴趣，使其树立终身体育意识，养成体育锻炼的习惯。

第二，在体育教学中要充分考虑教学的长、短期效益，体育教师不仅要重视体育教材或某项运动技能的教学成果，还要考虑体育教学的长期效益，这与体育教育的总体目标的要求是基本一致的。

九、活动安全原则

与其他学科教学不同，体育教学由于教学场所的变化和所需体育器材的参与，在教学安全方面有更高的要求。体育教学既是安全的难点，又是安全教育的重点，在体育教学中要保证学生的基本安全。体育运动的美或多或少都建立在一些冒险中，这也是体育的本质属性和魅力之一。

在体育教学活动中，受各种因素的影响，会存在各种安全隐患，这是不可避免的。因此，在这样的情况下，应尽量减少和避免意外伤害事故的发生。体育教学的活动安全原则要求做到以下几点。

第一，加强学生安全意识教育。加强学生的安全意识，对此，教师在日常的体育教学中要不断教导，让每个同学都建立起安全运动的意识。在体育课堂中严格按照教师的要求去做，注意课堂纪律，参与体育活动量力而行。

第二，对各种隐患考虑周密并做相应预案。体育教师在长期的教学过程中积累了足够多的经验和惨痛的教训。将这些内容加以汇总和归纳，并对可能发生的危险做出相应的预案，一旦发生意外，便能冷静处理。

第三，建立健全运动安全的有关安全制度和安全设备。

第三节 现代人文主义思想对体育教学的促进

一、促进传统体育教学，进行课程优化改革

在人文主义思想的影响下，体育教学改革与发展的过程中出现了"学习领域目标""课程目标"等一些新的概念。教学目标也进行了多层次的划分，并确立了"身体健康"和"运动技能"两个最为基础的目标，并且在此基础上确立了"心理健康"和"社会适应"等多方面的新目标。

在当前社会背景下，我国大学进行了人文教育与科学教育两种观点之间的论战，在很长一段时间内，科学主义主导了我国的大学体育教学。在科学主义的影响下，大学教学呈现出科学至上的状态。科学主义膨胀造成人文精神的萎缩，造成在教学过程中，人文性逐渐缺失，而人文精神缺失也成为我国社会的一大弊病。

在体育教学改革与发展的过程中，随着课程改革的逐步进行，人文主义精神逐渐回归。在开展各种形式的体育活动时，僵化的行政观念模式正在逐步松动，并且处处体现着人文关怀的印记。在教学过程中，体育课堂从教师示范、学生学习与练习的循环中解脱出来，逐渐变得生动且富有活力，学生在这种愉快的教学环境中，往往能提高学习的质量和效果。

二、调整体育课程体系，提高教学质量水平

课程体系是体育教学中非常重要的一个方面。通过课程体系改革，体育教学的内容变得更加丰富多样，能满足学生多方面的需求。但是，在体育教学实践过程中，在设置相应的教学课程时，学校多有不当和不足之处。在学校教学过程中，为了赶上教学进度，很多学校会选择牺牲体育教学的时间，来进行其他学科的学习。这种现象在我国各级各类学校中普遍存在，需要引起高度的重视。

在现代人文主义思想的影响下，体育教学中的诸多问题都得到了明显改善。学校在设置相应的体育教学课程时，开始考虑学生的各方面需求，并且在课程中逐渐将学生作为课程的主体。学校在进行教学内容和课程体系设计时，更加注重学生的个性和性别特点，并且开始根据学生的身体素质水平来提供丰富多彩的、供学生选择的体育教学内容。在体育教学过程中，教学工作者更加注重学生的身心发展规律，通过多方面的努力来提高学生的学习兴趣和积极性，进而提高教学的质量和水平。

三、加强校园环境建设，营造良好教学氛围

在体育教学过程中，良好的教学环境是非常重要的，这对于学生学习质量的提高具有重要意义。因此，在体育教学改革与发展的过程中，应加强学校人文环境的建设，营造一个良好的教学氛围。

人文环境建设并不仅仅是学校的体育场馆和运动实施等方面的建设，还包括学校的体育文化建设，使学生能够积极主动地参与到体育锻炼中。体育运动文化的建设是一个长期的过程，在这一过程中，学生不自觉地获得了感染和熏陶，从而认可和接受相应的体育运动文化。高校校园人文环境的建设，能够更好地营造出体育教学的人文氛围，从而更好地加强和促进人文精神的培养。

四、加强教师队伍建设，提高教师人文素质

在体育教学中，体育教师是非常重要的要素，对学生的学习起着重要的指导作用。而要想提升体育教学中的人文精神，体育教师仍然是其中的关键因素。如果体育教师不具备一定的人文素质，也就无法培养出富有人文主义精神的学生。在体育教学实践中，无论是体育教师的形象、口才，还是其所具有的知识基础、专业水平、人格力量、道德修养等，都对学生人文精神的养成产生了直接或间接的影响。因此，不可否认的是，高水平的师资队伍是培养学生人文精神的前提条件，加强体育教师的专业素养与人文精神的培养是提高教学质量的关键。

在体育教学改革与发展的过程中，人文主义思想对学校体育产生了重要的影响。所有真知都来源于实践，作为体育教育工作者，要想形成一套切实可行、较为科学的课程体系还有很长的路要走，因此，必须进行观念上的转变，树立以人为本的现代体育观，以迎接人文体育时代的到来。人文体育的根本是对全民健身的充分认识，而学校体育便是推进全民健身的火种。[1]

第四节 现代教育理念下体育教学的发展方向

一、终身体育教育将得到进一步加强

在很长一段时间里，学校体育教学往往注重学生的体质发展，而忽略

---

[1] 马波. 现代教育理念下体育教学的发展和探索 [M]. 北京：中国商务出版社，2016.

了对学生体育意识、兴趣、习惯和能力的培养。随着我国对学校体育作用认识的不断加深，培养学生的终身体育意识已经成为当前学校体育改革与发展的一个共识。1995年，国务院颁布的《全民健身计划纲要》指出："要对学生进行终身体育的教育，培养学生体育锻炼的意识、技能与习惯。"这一规定的出台，标志着学校体育要把终身体育这个思想贯穿于体育教学中去。颁布于1996年的《全日制普通高级中学体育教学大纲》又进一步明确提出："掌握体育的基础知识、基本技能，提高学生的体育意识和能力，为终身体育奠定基础。"出台于2001年的《义务教育体育（与健康）课程标准》指出："学校体育是终身体育的基础，运动兴趣和习惯是促进学生自主学习和终身坚持锻炼的前提。"颁布于2002年的《全国普通高等学校体育课程教学指导纲要》指出体育课程的目标是使学生"基本形成自学锻炼的习惯，基本形成终身体育的意识""熟练掌握两项以上健身运动的基本方法和技能，能科学地进行体育。"颁布于2003年的《普通高中体育与健康课程标准》在课程理念中也指出："高中体育与健康课程十分重视培养学生的运动爱好和专长，促进学生体育锻炼习惯和终身体育意识的形成""奠定学生终身体育的基础。"这些规定都表明，学校体育教学必须要以培养学生终身体育意识为重要目标。

目前，经过一系列的体育教育改革后，学生的"终身体育"意识得到了一定程度的加强，但是这还不够。在新的形势下，各学校要进行更为深入的改革，提高学生的体育意识，培养学生正确的体育价值观，使其掌握科学的健身知识与方法，养成经常锻炼的习惯。

二、体育教学内容即将变得更加丰富

随着时代的发展，体育项目越来越多样化，学校体育教学的内容也会随之改变，一些具有时代特征的现代体育项目，如攀岩、跆拳道、体育舞蹈等，越来越多地走进校园中。一些个性健身类项目，如健身操、越野跑、山地自行车等，能够较好满足学生的需要，会越来越受到学生的重视。一些娱乐性强的休闲体育项目，如保龄球、滑板、台球等，也将会因为能够满足学生身心愉悦的需求而受到学生的喜爱。另外，一些民族、民间体育项目，如踢毽子、跳竹竿、荡秋千等，将会为学校体育所开发与利用，以满足学生健身、娱乐等多方面的需求。总之，学校体育教学将向内容多样性的方向发展，特别是具有健身、健美和娱乐功能的体育项目，将会受到学校体育教学的青睐。

三、体育教学组织形式将日益多样化

21世纪，人们的"终身体育"观念不断地加强和深化，学生体育的主体意识也不断增强，受此影响，学校课外体育的组织形式将更加多元化。

学校体育教学组织形式日益多样化主要体现在以下几点。首先，体育俱乐部将成为体育教学的重要组织形式，这些体育俱乐部将会呈现出两种性质，一种是竞技体育俱乐部，以发展学生体育特长、提高运动技术水平为目的；一种是群众性体育俱乐部，以健身、健美、娱乐为目的。其次，体育社团将在大中学校中得到发展。学校体育社团一般由学生会、团委出面发起，大多会以单项体育协会的形式出现，如篮球协会、游泳协会、健美协会等，随着学校体育项目的增多，体育社团也会相应地出现增多的趋势。最后，非正式学生体育群体将会越来越活跃，一些学生会因共同的体育爱好组成小团体，并依靠约定俗成的习惯以及相互间的感情来进行维系。目前，这种组织形式已经出现在学校中，只要加以正确的引导，这种组织形式将会越来越活跃。

四、体育教学呈现出地域性和层次性

我国历史悠久，幅员辽阔，体育课程资源有着明显的地域性特点。目前，我国实行的是国家、地方和学校三级课程管理体制。在课程管理方面，国家只制定课程标准，提出了课程的整体目标，并没有对课程内容做出硬性规定，这就给了地方和学校很大的选择自由，让他们可以根据自己拥有的课程资源、气候特点、地理条件、体育传统等，选择符合自己实际情况的、为广大学生所喜闻乐见的体育课程内容、课外体育活动及课余训练内容，从而让学校体育教学的地域性特点更加鲜明。

此外，随着大众对教学活动的认识更加深入，教育者也更加重视学生的主体地位，根据学生的具体特点开展相应的教育是教育的发展走向，也是学校体育教学的发展走向。《义务教育体育（与健康）课程标准》强调："关注个体差异与不同需求，确保每一个学生受益。"关于这一点，目前我国的学校体育还没有完全做到，因此，因材施教、采用分层次教学是学校体育教学的发展趋势之一。只有根据学生的身体条件和运动技能，采用不同的教学策略、评价方法，才能够让学生不断进步。不仅是体育教学，在课外体育活动与运动竞赛中，也可以采用分层次的方法，来促进学生体育习惯的养成。

五、加强社区、家庭一体化建设

体育教学的发展离不开社会的发展与进步，全民素质的提高也不仅仅是依靠学校一方就能够完成的，因此，体育教学需要与社会（社区）、家庭紧密联系，形成一体化的建设，实现学校体育课内外与校内外的统一，需要与社会教育、家庭教育特别是大众传播媒介的"隐性教育"结合起来，共同促进学生的全面发展与提高。

第三章

体育教学方法发展与选择研究

在体育教学中，体育教学方法占据着非常重要的地位。它不仅在体育教学研究中起到至关重要的作用，而且对于体育教学质量有着较为严格的把控。可以说，体育教学方法的发展与选择是体育教学非常重要的一环，只有根据社会需求以及学生自身的主要特点采取相应的体育教学方法，才能让整个教学保质保量，有一个较好的结果。

第一节　体育教学方法内容概述

一、教学方法和体育教学方法的相关概念

总的来说，教学方法是教师和学生为了实现共同的教学目标，完成共同的教学任务，在教学过程中运用的方式与手段的总称，它包括教师的教法和学生的学法两大方面，是教授方法与学习方法的统一。因此，需要教师根据教学的内容、学生的特点、学生的接受能力和学习方法等进行教学方法的选择。不难看出，教学方法本身就是一个内容复杂的概念，有着不同的层次。

在体育教学方法的概念中也有很多类似的问题，就体育教师而言，如果对体育教学方法没有清晰的理解，往往就会因为在其内涵和外延认识上的不足而在认识体育教学方法的过程中产生诸多的问题，影响教师在教学过程中对教学方法的选择和使用。

因为体育教学本身就是一种复杂的教学，其对实践性的要求较高，因此，教学方法的概念对于教学理论中的各个概念而言，也是一个相对复杂的存在。从事学科教学方法的研究者和专家在研究过程中给予体育教学方

法不同的解释，但是由于不同解释的主观性较强，所以虽然关于体育教学方法的概念较多，却没能给人较为清晰的概念。

从本质来看，体育教学方法反映的是体育教学现状，再加上体育这门课程本身就有很多教学方法，比如体育锻炼法和运动训练法，而且每一种方法中还包括很多不同的实施方法，因此，体育教学方法的概念就变得更加复杂。

历年来，不同体育教学方法的研究者和专家对教学方法和体育教学方法的见解如下。

彭永渭认为："教学方法是教师和学生为完成教学任务、实现教学目的，采用的工作方式或手段。"

李秉德认为："教学方法是为了完成教学任务而采取的办法，它包括教师教的方法和学生学的方法，是教师引导学生掌握知识和技能、获得身心发展而共同活动的方法。"

樊林虎在《体育教学论》中指出："体育教学方法是指在体育教学过程中，由教师指导学生，为达到一定的教学目标而进行的一系列活动方式、途径和手段的总和。"

张学忠在《学校体育教学论》中指出："体育教学方法是指在体育教学过程中，在一定的教学原则下，师生相互作用的，共同为实现体育教学目标，合理组合和运用体育场地、器材、手段的活动方式。它不但包括了师生在教学活动中内隐的思想、心理活动，还包括了器材的运用或演示和身体活动方式等。"

从上述各教学研究者和专家对教学方法和体育教学方法两个概念的解释中我们可以看出：关于两个概念的定义仍然相当模糊；体育教学方法不仅是一个复杂的概念，而且具有多层次性；研究者和专家对这两个概念的理解出现多样化的主要原因是，每个人观察的角度不同，对教学方法的用途和在教学中发挥作用的认识也就不同。这不但给教学方法的研究带来了

困难，同时也给教学方法的选择造成困难。❶

二、体育教学方法与教学行为之间的关系

教学行为是指教师在教学活动中的行动特征，教学方法是指教师在进行教学活动中运用的某种技术。如我们所说的"体能训练"是一种体育教学行为，而"体能训练法"则是体育教学方法。

（一）教学方法和教学行为的区别和联系

1. 合理性上的区别

教学方法是教师掌握的教学技能，一般来说，教学方法除了使用不当外，都是合理的、科学的，能够为教学带来一定成效的。而教学行为有的是合理的，有的是不合理的，甚至有很多教学行为还是错误的，是不利于学生身心发展的。

2. 本质上的区别

教学方法是体育教师群体通过自己多年的教学实践总结出来的一种有规律可循的教学技术；教学行为是教师个体在教学中的一种偶然行为，具有随意性。

3. 两者之间的联系

教学行为是教师在教学课堂上所有动作和手段的集合，如某一学科的教师在教学过程中采用多媒体教学，然后通过课堂提问的方式让学生自由阐述自己对某一教学内容的看法。在这个教学过程中，教师选用的每一种教学方法、每一个动作都属于教学行为。由此可见，教学行为是教学方法的表现形式。

（二）体育教学方法与行为区分不清的原因

无论是体育教师，还是体育研究者，仍存在对体育教学方法与体育教学行为两者之间的区别不是十分了解的情况，出现这种情况的主要原因有以下两点。

---

❶ 夏越. 现代高校体育教学研究 [M]. 北京：北京理工大学出版社，2019.

1. 体育教学活动的实践性较强

体育教学活动的实践性较强，因此"行为"和"技术"两者之间的区别并不像其他学科那么明显，体育教学活动与教学行为之间的界限模糊。

2. 现实生活的干扰

随着我国经济水平的不断提高，人们对生活质量的要求也不断提高，体育锻炼成为人们日常生活的一部分，再加上体育教学方法与人们日常生活中的一些行为较接近，甚至没有十分明显的差别，因此干扰了对两者的区分。

三、体育教学方法的层次

当前，不同体育教学专家和教育工作者对体育教学方法的概念理解混乱还有一个原因，就是对"教学方法的空间界限定位不明"，甚至不清楚体育教学方法具体包含哪些内容。其实，体育教学方法是有很多层次的，本书通过对体育教学的研究和分析，认为体育教学方法主要包括以下几个层次。

（一）"教学方略"上的层次

"教学方略"上的层次是体育教学方法中的"上位"层次，也可以说是体育教学方法的指导思想，是指体育教师对学科专业和教学技能的理性思考、行动研究和实践反思。"教学方略"主要体现在对单元课程的设计上。例如，在体育教学过程中所采用的"发现式教学法"，实际上就是一种广义的体育教学方法的组合，是由提问法、组织讨论法、总结归纳法、实地测量法等多种教学手段组合而成的。

（二）"教学方法"上的层次

"教学方法"属于体育教学方法的"中位"层次，也可以称为教学技术，即狭义上的教学方法，指的是体育教师使用的主要的教学行为方式。该层次的教学方法主要体现在教学活动中的某一个教学步骤上或者某一种特定的教学活动中。例如，我们常提及的"单项训练法"就是为了实现某种教学目的而采用的一种具有针对性的教学方法。

(三)"教学手段"上的层次

"教学手段"是体育教师为了达到某种教学目的而采取的教学行为,也称为体育教学活动中的教学工具,属于传统定义上教学方法的组成部分,是体育教师在确保教学行为的科学性和目的性的基础上所采用的一种较为有效的行为方式,其主要是通过某种教学工具的使用保证教学方法效果的实现。在教学活动中,这种教学手段主要体现在某一个具体的教学步骤或者教学环节上。如体育教师在进行教学的时候,采用理论联系实际的教学方法,亲身示范并让学生模仿和学习,"亲身示范"就是体育教学的手段。[1]

第二节 体育教学方法的发展与设计理念

一、体育教学方法的发展现状

从体育教学的发展历程可以看出,体育教学方法是随着时代的发展而不断进步的。体育教学方法的主体是体育教学中涉及的一些技术层面和技巧方面的问题,随着科学技术的创新和教学观念的更新,体育教学方法也逐步完善和优化。目前,体育教学方法的发展主要体现在以下四个方面。

(一)科学技术促进体育教学方法发展

当前,随着计算机的应用和普及,一些体育动作的规范性不断加强,准确性也不断提高,且进行体育技术指导更加不受时间和地点的限制,示

---

[1] 夏越. 现代高校体育教学研究[M]. 北京:北京理工大学出版社,2019.

范性动作的播放快慢也可以任意地调整,因此体育教学的讲解、示范和展示都发生了质的变化,并促进了教学方法的发展,提高了教学方法的科学性。

(二) 教学内容优化促进教学方法改进

教学内容和教学方法是相辅相成的,教学方法的正确运用可以更好地实现教学内容的传递和接收,教学内容的优化使教学方法能够进一步完善和改进。如今,随着人们生活水平的提高,体育教学也日益受到重视,一些全新的体育教学内容被引入体育教学,因而相应的教学方法也得到了开发和应用。比如,野外生存训练课程的引进,使野外活动的组织和教学的方法得到开发。由此不难看出,体育教学内容的不断更新,促进了体育教学方法的日益完善。

(三) 教学理论充实促进教学方法完善

体育教学理论是在近代体育教育中逐渐确立起来的,是保证体育教学科学进行的基础,也是体育教学方法确立的依据。因此,体育教学理论的进展有利于促进体育教学方法的改善。过去的体育教学理论存在一定的缺陷,其中,最为显著的就是缺乏针对性分析,因此在面对多个教学项目时,采取的是"以不变应万变"的措施。但是不同的体育运动项目有着不同的技术要领,随着人们对体育教学方法理论研究的不断深入,类似于"领会式教学"的方法就应运而生了。

(四) 学生变化促进体育教学方法改进

信息时代的到来,使学生群体的日常生活发生了显著的变化。例如,随着信息技术的发展,学生接受新知识和新事物的途径越来越广泛;随着电子产品的运用,学生的作息规律和生活习惯越来越不同;随着学生思维方式的成熟,他们认识事物和分析问题越来越深刻。因此,信息化时代下,学生的个性化发展越来越明显,传统的、单一的体育教学方法已经不能满足学生的成长需求,需要推陈出新,不断完善和改进体育教学方法。

二、体育教学方法的发展趋势

虽然较其他学科而言,体育教学起步较晚、发展较慢,但是,随着人们认知水平的不断提高,其对体育教学的重视程度也日益深化,迄今为止,体育已经发展成为一个较为成熟的学科,其教学方法也随着学科的发展而不断发展、完善,并逐渐呈现出了明显的发展趋势。具体来说,其发展趋势主要体现在以下三个方面。

(一)体育教学方法的现代化

随着科学技术的不断进步,体育教学方法也在不断完善和提高,其现代化也随着时代的发展表现得越发明显。体育教学方法的现代化主要体现在体育教学的设备上。为了更直观地向学生展示体育运动的魅力,体育教师会将录像带到体育课堂,借此开阔学生的视野,增长知识。随着计算机的普及,各种借助计算机完成的体育课件和体育活动,将学生对体育学习的感知提升至新的空间。

(二)体育教学方法的心理学化

心理专家表示,任何一种形式的学习都伴随心理的变化,而体育知识和技能的学习和获得更是一个复杂的心理变化过程。因此,在体育教学过程中,对体育教学方法影响较大的学科是学习心理学和体育心理学。为了更好地开展体育教学与体育活动,体育心理学家和运动心理学家运用心理学的研究方法,对学生在运动、学习过程中的心理变化情况进行了探讨,并希望能够将研究得出的结果应用到体育教学方法的改革中。

(三)体育教学方法的个性化

在教学过程中,重视个性化是体育教学方法发展的一大进步。因为任何一种教学方法的实施对象都是学生,而由于学生成长环境、自身条件的不同,其接受能力和学习情况具有较大差异,加之不同学校的教学条件和教学进度存在较大差距,因此,体育教学有必要根据实际情况,针对学生的个性化和学校的差异性做出合理调整。现阶段,随着这一教学理念在体育教学中的不断深化和应用，个性化、民主化的体育教学方法得到了进一步发展。

三、体育教学方法的设计理念

任何一种教学方法的设计都离不开特定的理论指导，做好体育教学方法的理念设计工作也是体育教学的关键之一。任何一种教学方法都有其使用的范围和环境，因此，在设计好体育教学方法后，还要确定其实施的范围和对象，如此才能保证体育教学方法的实用性和科学性，进而提高体育教学的质量。

(一) 以语言传递信息为设计理念的教学方法

任何一门学科的教学过程中都要使用语言，以语言传递信息为设计理念的体育教学方法，实际上就是教师运用口头语言向学生传授体育知识和技能的一种教学方法。由于语言是传递信息、人际交流的主要工具，因此，语言是人们普遍使用的一种沟通方式，也是教师教授学生的最重要的一种教学方法。

以语言传递信息为设计理念的体育教学方法主要分为讲解法、问答法和讨论法。

1. 讲解法

讲解法是指在体育教学过程中，教师运用一些简单、生动的口头语言向学生讲授体育运动相关知识的一种方法。有效运用讲解法，不仅能让学生在较短的时间内迅速掌握体育相关的知识和技能，还有助于对学生进行思想道德教育，帮助其建立自主参与体育运动的意识。

由于语言无处不在，语言的魅力更是不可小觑，讲解法自然而然成为体育教学中普遍使用的一种教学方法。讲解法是体育教学的基础，任何一种体育教学方法的实施都离不开讲解法的运用。同时，体育教学又是一个实践性较强的学科，在教学过程中，教师不能盲目地使用该教学方法，而要学会结合体育运动项目及其技能的特点进行实际操作的讲解。因此，在体育教学过程中，教师应该做到"精讲"，并且将讲解带到实践中去，这样才能实现教学目标，达到较好的教学效果。

2. 问答法

问答法历史悠久、行之有效，也是人们广泛推崇与应用的一种体育教学方法。问答法的优点是有利于培养学生的发散思维，能够在问答的过程中培养学生思考问题的能力，提高学生的语言表达能力。在运用问答法进行体育教学时，应该注意：第一，尽量采用简短的语言进行问答；第二，在问答的过程中，不要给学生过长的时间思考或交流讨论；第三，将问答设定在技能教学的开始和结束，作用会更加明显。

除此之外，在使用问答法进行教学的时候，还应该注意提问的引导性，一般而言，提出的第一个问题与体育教学知识和内容是没有太大关系的，其主要目的是引起学生的注意。紧接着第二个问题则旨在引导学生进行思考，例如："想一想你们的动作和老师的动作有什么不一样？"这种具有辨别性和归纳性的问题，能够引发学生对体育技能动作的思考。第三个问题通常属于价值判断和归纳性的问题，但是它比之前的问题更能引起学生深入性的思考，例如："谁来回答一下，他的示范动作好吗？好在哪里？又有哪些不足？"这样逐层深入的提问，能够引导、帮助学生由浅入深、由表及里地思考问题。

3. 讨论法

相较于讲解法和提问法，讨论法的自由度更大。讨论法主要是在体育教师的指导下，以班级或小组为单位，围绕教材的中心问题进行讨论，让学生自由讲述自己的观点和意见。由于在讨论的过程中学生能够充分发挥自身才能，因此，讨论法比其他方法更能促进学生积极、主动地参加体育锻炼与学习活动，更有利于增强学生的团队合作精神和集体主义精神。值得注意的是，讨论法虽然能够调节课堂的气氛，调动学生的学习热情，但是，如果讨论的自由度过大，教师就很难掌控局面，从而难以保证教学效果与教学质量。因此，在讨论的过程中，体育教师应该适时参与其中，并对学生的讨论内容与讨论方向加以引导，以确保充分发挥讨论法的积极作用，及时消除讨论法的消极影响。

(二) 以直接感知为设计理念的体育教学方法

以直接感知为设计理念的体育教学方法是体育教学中普遍使用的教学方法，通过教师对某种体育技能的演示和直观表达，学生借助身体的感观获得与体育教学相关的知识和技术。这种教学方法因为具有直观性，而且有利于学生接受和掌握，所以在体育教学中颇受欢迎。

根据对体育教学方法的研究，可将以直接感知为设计理念的体育教学方法分为动作示范法、演示法、纠正错误动作与帮助法等。

1. 动作示范法

动作示范法是教师在对学生教授某种技术时，为了能让学生清楚地了解技术要领，以自身完成的动作作为示范，给学生提供参考的方法。动作示范法较为直观地向学生展示了体育动作的特点、动作特征和技术要领等，具有非常独特的作用，而且教师优美的动作能激发学生的学习兴趣。

教师在使用动作示范法进行教学的时候，要注意以下几点：第一，任何一种动作示范都要有明确的目的性，应当根据体育教学的实际需要进行动作示范；第二，正确、美观。正确是指教师在进行动作示范的时候，要严格按照教学的技术规范和要求完成，以保证学生能够正确地认识动作特征；美观是指动作要能引起学生的兴趣，从而激发学生的主观能动性。

2. 演示法

演示法是近几年来体育教学中普遍使用的一种教学方法，是教师在体育教学过程中通过各种直观教具的展示，让学生获得对技术和知识感性认识的一种方法。这种教学方法主要用于教授某些通过示范无法达到预期效果的知识和技术，以使教学取得预期的效果。演示法能够让教学与生活中的实际相联系，增加学习某种技术和知识的直观性，以便于学生接受和学习，而且能激发学生的学习兴趣，促进学生了解和掌握所学知识。因此，对于体育教学而言，演示法是一种十分重要的教学方法。

教师在使用演示法进行教学的时候应注意的是：第一，要注意所演示动作的实际性，因为演示法教学最终的目的是让学生更详细地掌握教师所教授的知识和技术，因此要结合体育教学实际进行；第二，要结合各种先进的教具进行演示，计算机的普及和使用为体育教学提供了便利，同时也为演示法的实现提供了更多载体，这样既能激发学生的兴趣，也能保证演示的效果。

3. 纠正错误动作与帮助法

纠正错误动作与帮助法是体育教学过程中体育教师为了纠正学生的错误动作而采用的教学方法。众所周知，体育教学具有很强的实践性，因此，在教学过程中，由于体育活动和项目的动作较为复杂，再加上学生缺乏经验，难免会有一些错误动作出现。这个时候就需要教师对学生的动作进行及时的纠正，加深学生的印象，从而提高教学的质量。

在使用此方法时应注意的事项：第一，切忌挖苦学生。在指出学生错误之时，首先应该肯定学生的进步，然后用较为委婉的语气对学生进行错误动作的纠正和指导。这种纠正错误的教学方法更有利于学生接受，还能够鼓励学生不断提升自己的专业知识和技能，同时也不会打击学生的自信。第二，把纠正的重点放在主要的错误动作上。其实有很多错误都是由主要的错误动作引起的，纠正主要的错误动作，能够带动整体动作的规范。第三，要有针对性地进行纠错。每一个错误动作的产生，都是由一个特定的原因导致的，只有根据这一特定的原因进行正确的引导，才能杜绝错误动作的出现。

（三）以身体练习为主要设计理念的教学方法

以身体练习为主要设计理念的体育教学方法，是指通过身体锻炼和练习以及技能的学习，学生掌握和巩固某种运动技能的方法。因为体育教学的本质就是以学生的实践活动为主要特征的教学，因此，以"身体练习为主"的教学是开展体育教学的主要方法和形式，也是教师进行知识和技能传递的主要手段。在体育教学实践中，以身体练习为主要设计理念的体育教学方法有分解练习法、完整练习法和领会练习法等。

1. 分解练习法

分解练习法是将原本复杂的动作分解成几个部分，然后针对每一个部分进行针对性练习的方法。这种教学方法将技术的难度适度降低，便于学生掌握和学习，同时也提高了学生在学习中的自信。在使用这种方法进行教学的时候，首先应该保证分解步骤的合理性和科学性，使分解步骤能够连贯成整体动作，同时还要保证分解动作的连续性，有利于学生掌握整体动作。例如，在进行篮球教学的时候，教师会教授学生传球、投篮、运球等动作，这样能够将复杂的活动具体化、简单化。

2. 完整练习法

完整练习法是指在整个运动项目的传授过程中，直接对整套动作进行完整的练习。完整练习法能够保证体育动作的完整性和连续性，易于学生在脑海中形成完整的动作概念。适用于较为简单的运动项目，如仰卧起坐、跑步、扎马步等。

在使用此方法进行体育教学的时候，首先应该考虑学生的接受能力。在教学之前，体育教师要进行实验和示范，并加以必要的语言描述，对重点内容进行讲解。同时，要注意开发各种辅助性的练习，这样能不断完善教学效果，提高教学质量。

3. 领会练习法

领会练习法是通过简单明了的语言、文字、图片或者视频，让学生对某一项运动有一个概括性的认识。这种教学方法使学生从体育教学的一开始就对教学动作有了一定的认识，有利于培养学生在运动方面的知识和技能，提高其学习兴趣，激发学生的主观能动性。

教师在选用这种教学方法的时候，应该从项目的整体特征入手，然后引导学生对此项目进行具体的练习，最后回到整体的认识和训练中去；同时教师应该注意培养学生的战术意识，使战术意识贯穿于整个教学的始末。例如，在对学生进行排球比赛相关规则的讲解和技术的讲授时，首先让学生观看某场伴有现场解说的排球比赛，视频和文字介绍能让学生领会比赛的规则；通过观看现场比赛，可以让学生领会排球比赛战术和某一技能的重点。[1]

第三节 体育教学方法的影响因素分析

一、教学目标与教学任务

教学目标是体育教学的起点和重点，教学任务是实现教学目标的基础和保障，教学方法是完成教学任务的条件和媒介。因此，无论是体育教学方法的设计还是选择，都离不开教学目标和教学任务的指导。再加上不同的教学目标和任务对学生的要求也不同，教学工作者应当根据这种要求设计具有针对性的教学方法。一般来说，体育教学目标可分为认知、情感和技术动作这几个方面，每个方面的教学又可以根据对知识和技能要求的不同分为若干个层次，不同的层次需要学生掌握的内容、要求不尽相同，因此，所需要的教学方法也就有所不同。例如，如果某一教学目标强调的是"培养学生对某种运动的理论了解"，那么，体育教师就可以选用讲解法进行教学；如果某一教学目标强调的是"提高学生某种运动的技能"，那么，就应该选择一些以实际操作为主的教学方法。所以，教学目标是影响教学方法的因素之一。

总的来说，体育教师要对教学内容进行深入的研究和分析，掌握每一种教学方法所对应的知识和技能，同时，还要将教学中抽象、宏观的教学

---

[1] 夏越. 现代高校体育教学研究 [M]. 北京：北京理工大学出版社，2019.

目标转变成实际可操作的具体的教学目标，并能清楚地知道何时选择何种教学方法最有效。

以篮球教学为例，如果教师将某一课时的教学目标定为"培养学生的运球能力"，那么在本节课的教学过程中，教师就会根据篮球运球的特点、要求设计教学方法。因为篮球运球技术的培养和获得并没有任何捷径，因此，教师应首先对运球的动作要领和要求进行讲解，然后通过不断示范，让学生能够简单地了解运球的技巧和要领，并通过反复练习和教师的不断纠正，提高其篮球运球的能力，从而促进教学目标的达成。

二、教学内容的主要特点

教学内容是体育教学的重要参考，也是体育教学方法的服务对象之一。不同课程以及科目的教学内容不同，其教学任务也就存在明显的差异，所需要的教学方法也会有所不同。由此可见，教学内容的特点是教学方法选择和实施的参考依据。如某一体育教师在进行体操课程的教学时，就需要根据体操对学生身体特点的要求和体操运动所需要的场地、器材、目标来选择适当的教学方法。

每一种教学内容都有其相适宜的教学方法，如果需要学生掌握的教学内容是一些纯理论性的知识，如体育教学的发展历史、体育教学的起源等，就可以选择讲解法进行教学，或者借助多媒体教具，通过图片或者动画的形式向学生展示与体育相关的理论知识。如果教学的内容是一些技术性较强的知识，那么就需要运用分解练习法进行教学，如篮球、足球、乒乓球等，而且由于此类运动具有群体性，那么就应该采取小组教学的方式。

综上所述，教师要认真研究教学内容，把握各个教学方法的适用范围和效果，然后结合具体教学内容的特点选择合适的教学方法。

三、学生的身心发展状况

体育教学贯穿学生的整个学习过程，具有持久性，而且学生的成长和身心发展状况主要包括学生现有的知识水平、智力发展水平、学习动机状态、心理发展的年龄阶段及特征、认知方式与学习习惯等因素，因此，学生的身心发展状况对体育教学会产生一定影响。心理学研究和教学实践都表明，学生的身心发展状况与教学之间存在相互作用。所以，教学过程中教学方法的选择受到学生的个性心理特征和他们具有的基础知识水平的限制。不同年龄阶段的不同年级的学生，或者同一年级的不同学生，对某种教学方法的适应性可能会有明显的差异。这就要求教师能够科学而准确地分析学生的上述特点，并有针对性地选择和运用相应的教学方法，使学生能够在学习知识、掌握技能的同时，身心得到健康发展。

如教师在对学生进行增强体质训练的时候，体育教学面向的是全体学生，由于任何个体的成长发育都具有阶段性，如果在进行训练的时候对各个阶段的学生采用的是同一种训练方法，那么就有可能导致有些阶段的学生无法完成。如抛铅球的练习，高年级的学生能够轻而易举地将铅球举起，但是低年级的学生则有些困难；如丢手绢、捉迷藏等一些简单的体育游戏，适于在低年级学生中进行，身心发展相对成熟的高年级学生就不愿意参与。

四、教师自身素养的影响

教师是体育教学中的主导者，承担着帮助学生培养身体素质和综合素质的使命，并有指导学生科学地学习体育教学中相关知识的责任。因此，教师的自身素养直接影响着教学方法的选用和实施，从而影响体育教学的质量。通过对教学方法的研究以及对教学经验的积累分析，教师的素养主要包括学科知识、组织能力、思维品质和教学能力。教师在教学过程中，除了要关注学生的实际情况外，还要不断地提高自身的素养和专业水平，这样才能根据自己的优势，选择适合自己的教学方法，并不断创新教学方法，逐步提升自己的教学水平，这也是提高教学质量的关键。若某一教师缺乏实践教学的经验，并且在教学的组织上存在严重的缺陷，则无法保证课堂教学的效果，也无法正确地引导学生进行相关知识的学习，更无法保证教学方法的实施。

如果让一位从没有接触过篮球运动的教师，向学生传授一些篮球运动的知识和技能，那么无论是在教学方法的选择还是实施的过程中，该教师都会产生一种无从下手的感觉，甚至不能正确地选择体育教学方法，即使能够选择出适用于该运动的教学方法，也会因为自身经验的欠缺，导致教学的过程无法按照预期进行。再如，在进行游泳运动教学的时候，教师首先要对学生进行游泳要领的讲解，然后进行示范性教学，但是如果这位教师不会游泳，就无法保证这种教学方法的教学效果。

五、教学方法本身的特性

教学方法虽然是保证教学质量的关键，但是没有一种教学方法是万能的。每一种教学方法都有与其相适应的人群和所适用的环境和条件，离开了这种环境和条件，这种教学方法将无法充分发挥其作用。简单来说，教学方法只在特定的环境和特定的内容中才能表现出亲和性和功能性，而且不同的教学方法对教学设备、教学对象和学生的身心发展特点等方面均有影响。教学方法本身就是一种多因素的有机组合，既存在促进的关系，也存在矛盾的关系，这么多因素同时也决定了每一种教学方法都有其相应的范围和条件。

通过上面的文字，我们清楚地了解到，教学方法本身所具有的特性，也是影响教学方法的因素之一。例如，在教学的过程中，采用因材施教的教学法进行教学，首先应该清楚学生的特点、教学内容的特点，这是此教学法的主要要求。由于这种教学方法较为耗费人力、物力，如果教学对象群体较为庞大，此种教学方法就不适用。

六、教学环境要求的影响

教学环境是教学实施的基本条件，也是保证教学正常进行的前提。任何一种教学方法都是在教学环境下产生和实施的，因此，教学环境是教学方法产生的土壤，也是教学方法赖以生存的养料。我们所指的教学环境包括教学硬件设备设施（比如教学器材和一些辅助仪器、教学所需的资料和书籍），教学空间条件（包括教学场地、实践场地）和教学所需的时间。有利的教学环境会对教学起到一定的促进作用，反之，则会起到阻碍作用。因此，在进行教学的时候，要进一步开拓教学方法的预期效果和适用范围。只有这样，教师在选用教学方法的时候，才能最大限度地利用教学环境，不断提升教学质量。

通过上面的文字可知，教学环境也是影响教学方法的因素之一，如对一个相对落后且没有足够教学场地的学校而言，在进行篮球、足球和乒乓球教学时，由于缺乏相关场地或设备，就无法采取示范法进行教学。

七、体育教学的指导思想

体育教学方法的核心在于体育教学的指导思想，有什么样的指导思想就会产生什么样的教学方法。体育教学方法的选择不仅取决于对教学理论的了解程度，而且取决于已经形成的教学指导思想的时代性和科学性。

教学方法的选择并不是一个简单的过程，它涉及很多因素。虽然教学方法是以教学活动中的很多因素为基本准则确定的，但它并不是死板的教条，也不是一成不变的。在对学校教育和教学的研究中可以看出，使用教学方法的目的，就是借助这些方法实现教学目的。如某一个经济条件特别落后的学校，没有专业的教学设备和设施，也没有足够宽敞的室外场地，那么该学校就无法开展诸如足球、篮球等对教学场地和教学设备设施要求较为严格的体育运动。由此可见，体育教学是一种对实践性要求极为严格的教学，也是一种相对复杂的学科，因此，在选用教学方法的时候，要根据教学中所涉及的各种因素，选择合理的教学方法。❶

---

❶ 夏越. 现代高校体育教学研究［M］. 北京：北京理工大学出版社，2019.

第四节 体育教学方法的选择运用方式

一、合理选用体育教学方法的意义

就目前的体育教学而言,体育教学方法是十分丰富的,再加上随着体育教学改革的不断深入,很多新的体育教学方法被不断开发出来。因而,在实际的体育教学中,体育教师能否正确地、有针对性地选择合适的体育教学方法,是衡量教学质量的重要因素,同时,选择合适的体育教学方法也是提高体育教学质量的基础。

为了保证教学的质量,教学一线的体育教师要根据体育教学的目标和各种教学因素,选择合理的体育教学方法,并在对教学过程中所涉及的各种因素进行认真研究的基础上,对所选择的教学方法进行合理的组合,这样才能不断提高体育教学的质量。

教学方法是教师在进行体育教学时的手段,从比观点上看,体育教学方法是教师行使教育权利和履行教育义务的工具。"磨刀不误砍柴工",工具的选择决定了教学的质量。所以,每位体育教师不仅要学会各种体育教学方法,还要具备在工作实践中科学、正确地选择和应用教学方法的能力,这样才能够真正提高体育教学的质量,更出色地完成体育教学任务。

二、选择体育教学方法的依据

体育教学方法的选择一直都是体育教学中的难点,因此,每一位体育教师都应该具备合理选择体育教学方法的能力。再加上每一种教学内容都有其相对应的教学方法，每一种教学方法对其教学环境和主体都有着不同的要求，因此，要结合各方面的因素对教学方法进行合理的选择和应用。

(一) 根据课程目的和任务选择教学方法

不同的体育课程，其教学目的和教学任务要求采用不同的体育教学方法，因此，体育课程的目的和任务是选择体育教学方法的依据之一。如果向学生介绍一些体育运动项目的知识和要求，可以选择一般教学所用到的"讲解法"；如果是教授学生一些运动的技巧和方法，就需要用到"动作示范法"和"演示法"；如果是需要学生进行锻炼或是练习的课程，就可以使用"练习法"；如果是为了提高学生的交际能力，就可以使用"讨论法"；如果想提高学生的竞争意识，就需要多使用比赛的方法。由此可见，在进行教学方法的选择时，应该将体育课程的教学目的和教学任务作为体育教学方法的选择依据。

(二) 根据教学内容的特点选择教学方法

在数学教学过程中，不同类型的题目，需要采取不同的解题方法。对于体育教学也是一样，不同类型的体育教学内容，也需要采用不同的体育教学方法。如在进行器械的基本操作的教学时，就应该使用分解教学法；在进行类似于游泳、滑冰等技术和技能动作的讲授时，所采用的也是分解教学法；进行诸如跑步、投掷、跳跃等连贯性要求较强且动作发生较为短暂的运动项目的教学时，则需要采用完整教学法；而一些对技术要求较为严格的球类运动项目，则需要使用领会教学法；对于锻炼性较强的体育项目，则需要使用循环教学法。因此，体育教师要在仔细分析教材的基础上，根据体育教学的性质和相关的教学特点创造性地选择体育教学方法。

(三) 根据学生的实际情况选择教学方法

选择和使用体育教学方法的根本目的是帮助学生更好地学习，促进体育教学目标的顺利完成。因此，体育教学方法侧重的不是教师，而是学生的学习效果和对知识的掌握情况。因此，在选择教学方法的时候，要看教学方法是否符合学生的发展特点、是否有利于学生的理解和接受。具体要考虑学生的年龄、身体状况、智力和学习能力等，从学生发展的实际和学生的身体状况出发，选择最符合学生实际情况、最能促进学生对教学技能掌握的教学方法。

（四）根据教师自身的情况选择教学方法

教师是教学方法的实施者，任何一种教学方法只有与教师的自身特点紧密结合时，才能取得理想的效果。有的教学方法虽然能够达到很好的教学效果，但是如果教师的自身素质较低，无法很好地驾驭，也不能有效提高体育教学质量。因此，教师的自身素养对体育教学方法的选择也有较大影响。比如，有的教师的思维能力和语言表达能力较强，就应该多使用生动的语言描述体育教学；而运动技能较强的体育教师，就可以多采用一些演示和示范性的教学方法，在传授教学内容的同时，提高学生的学习兴趣，从而使学生更好地理解体育知识和技能。

（五）根据教学方法适用范围选择教学方法

体育教学方法十分丰富，每一种体育教学方法都有其自身的特点，有其所适用的范围和条件。在教学过程中，教师对每一种教学方法的功能和适用范围是否具有深刻的理解，教学方法所需的条件是否具备等都会影响教学效果。如领会教学法适用于对高年级的学生进行教学，而不适用于对低年级的学生进行教学，因为高年级学生的认知能力已经趋于成熟的水平，而低年级学生的认知能力和思维能力都尚未充分发展。由此可见，在教学过程中，应该根据教学方法的适用范围选择合理的教学方法。

（六）根据教学时间和效率选择教学方法

每一种教学任务的教学时间和效率是不同的，如实践法比讲解法花费时间，分解教学法比完整教学法更花费时间。针对一些技能和技术问题的时候，实践法比讲解法的效率更高。所以，在选择教学方法的时候，也要相应地考虑每一种教学方法教学时间的长短和效率的高低。一种合适的教学方法应该保证时间上和效率上的完美结合，能保证在规定的时间内，完成指定的教学任务，并取得理想的教学效果。这就要求体育教师要对体育教学的方法有更加全面的掌握和了解，从而选择一些既省时又有效的教学方法，以达到教学效果的最优化。

三、体育教学方法选择和应用的原则

体育教学方法作为体育教师教学的工具，发挥着非常重要的作用。再加上新课标对体育教学的要求，体育教学方法受到越来越多的体育教学工作者的重视。但是体育教学方法的选择并不是盲目的，通过对体育教学的研究发现，体育教学方法的选择和应用应该严格遵守以下四个基本原则。

（一）目标性

教学方法是为实现教学目标服务的，教学目标为教学方法的选择提供参考依据，教学方法又促进了教学目标的实现。因此，在进行教学方法的选择和运用时，一定要保证教学方法的目标性，首先应该清楚其教学目标是什么，然后去思考如何才能应用这种教学方法完成教学目标。只有保证教学方法具有目标性，才能保证教学的质量，才能顺利完成教学任务。

（二）有效性

在选择教学方法的时候，还要考虑其对于教学目标完成的有效性，实际上就是指利用这种教学方法提高教学质量，顺利完成教学目标的可能性。有些教学方法由于其步骤较为复杂，所花费的时间过长，就会对其他的教学内容造成干扰，降低教学的效率，那么这种教学方法就失去了在教学中的有效性，不利于教学活动的顺利进行。如教师在指导学生进行跑步训练的时候，采用的是多媒体教学和实践训练相结合的教学方法，但是由于跑步是一项较为简单的运动，仅仅需要理论结合实践的教学方法就能完成，不需要采用多媒体教学。因此，采用多媒体教学和实践训练相结合的教学方法，就会降低教学的有效性。

（三）适宜性

每一种体育教学方法都有其相适应的教学环境和对象群体。所谓的适宜性可以从两个方面进行论述：一是指教学方法与学生之间的适宜性，主要指教学方法是否符合学生的身心发展的特点；二是指教学方法与教师之间的适应性，每一种教学方法对教师的自身素质都有要求，只有两者相适应，才能最大限度地发挥教学的优势。如在对低年级的学生进行教学的时候，就应该选择一些与该学段学生的认知能力和身体发展状况贴合较为紧密的教学方法，如讲解法、动作示范法等。

（四）多样化

体育是一门较为复杂的学科，体育教学方法也十分丰富，每一种教学方法都有其相对应的功能和作用，只有多种方法相互结合才能发挥体育教学的优势。多样化的教学方法不仅可以让体育课堂更加生动和丰满，而且能够调节课堂气氛，激发学生的学习热情和主观能动性，使学生能够集中注意力，提升教学效果，提高教学质量。[1]

---

[1] 夏越. 现代高校体育教学研究［M］. 北京：北京理工大学出版社，2019.

第四章

高校体育教学典型模式与创新发展

现如今，世界各国的社会经济以及高等教育事业持续发展，并且呈现出一个积极的发展趋势。我国高校旧有的体育教学模式已然不适应各大高校的办学规模和教育体制，所以对于高校体育教学模式的改革创新迫在眉睫。

第一节　高校体育教学模式现状

一、体育教学模式概念解析

（一）教学模式

虽然无论在中国还是外国的高校教学实践中，很早就已经有了教学模式的雏形，但是教学模式这一理论直至20世纪50年代才开始正式出现。苏联的巴班斯基❶认为："不同的教学方法和教学形式相互组合会出现不同的教学模式。"美国的乔伊斯和威尔在《教学模式》一书中指出："教学模式是构成课程和课业、选择教材、提示教师活动的一种范例或计划。"我国的一些学者则认为教学模式具有一定的理论逻辑轮廓，并且是为了保证教学目标的完成而构建的相对稳定的教学结构，这个教学结构具有相似性、完整性、直观性和假设性。虽然不同的人对教学模式的具体定义有着不同的看法，但是他们所描述的教学模式有着共同点，即教学模式是由一定的教学思想或理论来做指导，由教学方法、教学目标、教学内容、教学流程构成的比较稳定的教学体系。

教学模式是根据教学规律总结出来的，可以被运用到诸多学科中。和

---

❶ 苏联教育家。毕业于顿河罗斯托夫师范学院。他把现代控制论、系统论观点用于教学论研究，提出教学过程最优化的理论。主要著作有《教学过程最优化——一般教学论观点》《论教学过程最优化》等。

其他学科相比，体育的教学模式是根据体育思想和体育教学内容总结出来的，具有其自身的特点。

（二）教学目标

所有教学模式的最终目的是要达成一定的教学目标，所以说教学目标是教学模式的核心因素，决定着教学模式的设计目标，影响着教学模式中的操作流程和策略运用。比如，在体育健康教学模式中，老师设置的所有的教学流程和教学内容都要能够促进学生参与体育运动，并在教学中教会学生如何正确进行体育运动，使其养成良好的体育运动习惯，以便在日后的学习和工作中拥有更好的身体素质和精神状态。

（三）指导思想

体育教学中的指导思想是体育教学模式的基础，它构成了体育教学模式的框架，可以帮助教师来规定自己的教学内容和教学方法。例如，现很多体育教师都在使用的快乐体育教学模式的指导思想就是"快乐"，教师可以根据这个中心思想来具体设置每个教学环节的主题和内容细节，体育教师可以将一些游戏引入体育教学中，实现教学内容与游戏的完美融合，使学生在游戏中学习体育，感受体育精神。

二、高校主要采取的体育教学模式

（一）三基式

三基式教学模式在我国是比较传统的体育教学模式，其主要是以班集体为单位，教师面对同一班级的学生进行教学。在这种教学模式中，教师的作用能彻底地发挥，方便进行管理，在这种模式下学生的基础也比较扎实。但是，由于该模式主要以班级为单位，忽略了学生对学习内容的需求，不利于学生个性的形成，也不利于培养学生的现代体育观念。随着我国体育教育制度的不断更新，这种教学模式已经逐渐被淘汰，目前只有极少数的高校还在使用此种方法。

（二）分层次式

分层次式教学方法主要是根据学生的心理和生理的不同情况进行划分，

在统一教学体系的指导下，根据学生之间的差异来设置教学内容和教学方法，进行区别性教学。此种教学方法使学生能够根据自己的具体情况进行合理选择，以促进学生自身的个性发展，使学生在原有的基础上发挥自己的能力，并达到最佳的学习效果。但是，在这种模式下，很多高校的教学内容往往是中学教学内容的简单重复，不利于培养学生的体育精神和锻炼方式，并且分层方法不明确，操作性不强。

（三）混合式

混合式体育教学模式，是指高校在为学生提供体育必修课的同时，也提供一定的选修课，学生可以从这些必修课和选修课中选择自己喜欢的课程进行学习。此种体育教学模式不仅可以提高学生的学习积极性，而且有助于促进学生个性的全面发展，使他们在学习体育基础知识的同时，能够发展自己的体育技能。但是，这种教学模式对学校而言，负担较重，所以选择这种模式的学校，一般需要一定的体育教师和设备资源。

（四）三段式

所谓三段式体育教学模式，就是根据学生的不同学习阶段，设定不同的体育课程，一般使用这种教学模式的学校是将高校体育课程分为三段：大一学生主要学习体育基础课程，大二学生学习体育专项选修课，大三和大四学生选择体育选修课，这样的教学模式主要培养学生的体育相关知识，并可以有效提高学生的体育能力，同时培养他们的锻炼习惯。但是，这种教学模式难以发挥学生的个性，但因这种模式方便学校快速实施，所以被高校广泛采用。

（五）选择式

选择式教学模式，是指学校只固定体育教师队伍，无论是上课时间还是授课内容都由学生根据自身特点来选择，这样能够充分调动学生学习的积极性和参与性，也能充分地激发学生的创造性，引导学生主动参与到整个教学过程中，使教师能够更好地对学生因材施教，培养学生的体育精神和体育能力。这种模式对于教师的要求比较高，该种体育教学模式在外国已经开始普及，在我国虽然处于萌芽阶段，但随着时间的推移，更多的高校将会陆续采用这种方式。

（六）并列式

所谓并列式体育教学模式，是指针对三段式体育教学模式而进行的一种体育课程设置改革，即在大学一、二年级时，同时开设基础课、专项课和选修课。这种改革的目的，是希望对具有体育专项特长的学生因材施教，避免"一刀切"的弊端，从而能够更有针对性地培养高等体育人才。同时，该种模式也大大增强了学生学习的自主性，让学生可以根据自身的爱好和特长来选择课程。目前，有20%左右的高校采用这种教学模式。当然，这种模式也有它的缺点，那就是其课程划分仍然过于笼统和宽泛，同时也会耗费体育教师大量的时间和精力。此外，由于学生过分追求学习成效，往往会忽视体育基本知识、方法和技能的培养。

（七）选项式

与上述几种传统的体育教学模式相比，选项式体育教学模式是一种新型的体育教学模式。这种教学模式能够给予学生更大的自主性和选择空间，给予学生根据自己的兴趣、爱好、身体条件以及学校的实际教学环境，选择体育项目进行学习的空间。这种教学模式比并列式教学模式对体育课程的区分更为精细，同时也更加有利于树立健康教育的教学观念，能够促使学生形成终身体育的意识。但是，这种模式由于更加富有学生自主性，所以容易造成学生在选择体育科目时出现盲目性，从而不能系统地掌握体育基本知识、基本技术和基本技能。❶

三、教学模式的现状及存在的问题

随着我国高校体育教学改革的不断推进，虽然很多高校引进了很多外国先进的教育理论和教学方法，但是我国高校体育教学的整体理念、教学内容和教学方法等诸多方面，依然没有摆脱原有的传统教学理论。

---

❶ 陈轩昂. 新时期高校体育教学的改革与发展 [M]. 北京：航空工业出版社，2019.

（一）教学内容

目前，我国部分高校使用的体育教材仍然非常传统和单调，虽然有些教材已经将当前较为流行的项目纳入其中，但是真正有实力和能力开设这样课程的学校依然非常少。所以，现在高校大部分体育教材的教学内容依然是田径、球类、武术等，大部分学生在小学和中学便已经学习了这些内容，如果在大学体育课依然接触这些内容，难免会挫伤学习的积极性，甚至会使学生产生厌学情绪，轻视体育运动。

（二）教学方法

当前，很多学校采用的体育教学方式依然是传统的老师为学生讲解要点，拆分动作，然后由学生重复动作这一套，枯燥的教学方式使学生很难提起学习兴趣，既不利于激发学生的积极性，也不利于学生参与到体育课堂当中，从而很难达到应有的教学效果。而且很多老师在讲解中非常注重动作是否做到位，技术是否熟练掌握，过分强调结果而忽视了学生在学习过程中的努力。这就使体育课教学被束缚了手脚，学生难以在体育课中发挥自己的个性和特长，不利于其自身的发展。

（三）教学评价

国家有相关的体育锻炼标准，所以很多学校都将这一标准作为唯一的评价方式，来评价学生的体育能力是否合格。然而，这种评价方式往往忽视了学生自身的条件素质，评价方式过于单调，无法得出公平、公正的结果，挫伤了学生的积极性。比如，有些学生先天身体素质较好，不需要特别的锻炼便可以达到很好的效果。然而，有些学生身体素质较差，只有非常努力才能勉强达标，这种"一刀切"的评价方式，看不到学生在达标过程中的努力，使一些学生感到失望，从而对体育产生抵触心理。

（四）硬件设施

目前，很多高校虽然已经开始注重体育教学，但实际上还是将体育作为"副科"来看待。在学校其他专业已经开始使用较为先进的教学设备和器材的时候，体育科目依然使用20世纪陈旧的场地和教育器材，使很多新型课程和活动项目难以被真正地引进校园中，不利于体育在学校的全面发展。

（五）过程"单向化""技术化"

当前的高校体育教学中，"注入式"教学现象非常普遍，具体表现为重教师教，轻学生练；重技术，轻理论；重共性，轻个性等。在高校体育教学中，过分苛求运动动作技术的掌握，并以此为最终目的。此种情况导致体育教学成为"为技术而技术"的教育，这种传统的教学模式严重束缚了学生的手脚，压制了学生学习的积极性和主动性。

（六）以"达标化"为中心

所谓"达标化"，就是过分看重学生的体育能力是否达到《国家体育锻炼标准》。符合标准的，体育成绩就合格，反之则不合格，部分高校至今仍把达标作为高校体育教育工作的出发点和归宿。显然，把达标作为体育教育的出发点，一切为了达标，势必会限制体育教育内容的广度并导致体育教育过程日趋封闭。把达标作为教育的归宿，唯达标至上，其结果必然导致高校体育工作的中心和教育的目标出现偏移。

第二节　高校体育教学典型模式分类概述

一、高校体育自主教学模式

（一）自主教学内涵

1. 自主教学概念界定

关于体育自主教学，目前学界并没有统一的定义，许多研究者从不同的角度和层面对体育自主教学的内涵与外延进行了阐述。体育自主教学即将学生作为参与教学的主体，教学目标、教学模式、教学内容和方法都紧紧围绕学生展开，并和教师因素共同构成体育自主教学系统。同时，健康、愉悦、放松等积极因素应该成为教学的主要源动力。

2. 自主教学外延释解

体育自主教学具有两个层面的含义，对于教师而言，它是一种教学模式与方法，而对于学生而言，则是一种学习的模式与方法。因而，从整体上来看，高校体育自主教学就是为了实现一定的教学目标，将学生作为教学的主体，围绕这一主体开展教学模式、教学内容和教学方法的选择，充分发挥学生的主观能动性，激发学生参与热情的一种全新的体育教育模式。从教师的角度进行阐释，自主教学就是为了实现一定的教学目的，根据体育教师的安排和规划，学生根据自身的条件制定学习目标，确定学习内容，最终完成学习目标的体育教学模式。

（二）自主教学模式特点

关于自主教学，目前学界并没有一个严格的定义，大致上可以理解为"通过多种形式丰富教学手段，引起学生学习的欲望进而对学习内容进行自发性、连续性的发散学习行为"。具体到我国高校的体育教学中，可以将其定义为"在老师基本教学的基础上学生针对自身情况制定学习方法，自我监控、自我调整、自我评价，最终实现体育教学目标的教学方法"。根据这些描述，我们不难发现它的主要特点。

1. 主观能动性

主观能动性是素质教育的重要内容，也是高校构建体育自主学习模式的核心性特点，还是自主教学模式的基本特征。在传统教学模式中，体育教学和其他学科一样，教师往往处于教学的中心，学生往往需要"跟着教师的节奏走"，并按照教师设定的内容、方式、进度、目标进行学习。在这一模式下，学生的学习很大程度上是被动的，只是按照既定的模式进行学习，这种模式一方面没有充分结合学生的特点和个体差异，另一方面也使教学墨守成规，学生的主观能动性和积极性受到一定程度上的局限。

在自主教学模式中，首先关注的便是学生的个体特征，并将学生作为整个教学的核心，所有的教学工作必须紧紧围绕学生开展，同时学生在教学中也必须扮演起重要的角色，而不再是单纯地按部就班。在这一教学模式中，学生应该根据自身兴趣爱好和个人特质，结合教学实际情况，与教师一起确定教学的主题、方式和内容，并在教师的指导帮助下自主学习，自行选择学习目标、内容和方法，并积极主动地推进教学，充分发挥自身的主观能动性，逐步成为体育教学中体育知识、体育技能和方法模式的构建者。因此，自主教学模式是反对强制式、灌输式和被动式教学而主张主动式和探索式的自主学习模式。

2. 教学有效性

传统教学中被动性和灌输性的比重较大，其教学效果受到诸多因素的影响，由于没有充分结合学生的个体特征，其教学效果往往主要依靠强制性的学习和反复的练习来实现。在教学实践中我们注意到，教师讲的内容都一样，但学生的学习效果却有天壤之别，成绩优异的学生无一例外都进行了相当程度的自我学习，而正是自主教学的深入开展，让他们学会了发现问题、解决问题，并适应了自我分析理解的能力，实现了从"鱼"到"渔"的过渡。由此可见，自主教学模式的学习是有效的，因为在这一模式中，学生成为积极主动的主体，自主教学模式的水平越高，学生的学习效果往往就越好，学校体育教学的质量通常也就越高。

3. 相对独立性

自主教学模式和传统的自学既有联系也有区别，虽然两者都鼓励学生在整个学习过程中充分发挥自身的主观能动性，摆脱对他人的依赖，实现自身学习能力的提升。但是，自主教学模式同时也强调了自主学习过程的系统化，强调教师的引导与帮助和学生之间的分享与交流，因而自主学习系统的独立是相对的，学生不可能脱离教师和学校，进行完全独立的自我学习。相对独立性体现在两个层面，从宏观来看，在体育自主教学模式中，学生不能完全独立，结合其构成元素：教学目标、教学内容、教学方式、体育训练的内容、阶段、时间等，学生不可能完全脱离教师的指导和帮助；从微观来看，每一个元素从开始到设计，再到实施及总结，每一个过程学生也需要来自教师和同学的资源共享及帮助与支持。因而，高校体育教学中自主教学模式的独立性是相对的，需要分清学生的学习在哪些方面和过程是自主的，只有这样才能设计出更加符合教学实际的自主教学模式。

4. 情感丰富性

情感是现代教育中一个重要的概念，21世纪兴起的情感教育便是对这一要素的深入挖掘。情感对于教学具有明显的影响作用，积极乐观的情感会对教学产生积极的推动作用，而压抑消极的情感则无疑会对教学产生负面影响。在自主教学模式中，学生的主观能动性得到积极的调动，其情感得到释放和良性的引导，和传统的教学模式相比，学生在教学中往往可以表现出更加丰富的情感和积极的情绪。自主教学模式带来的轻松活跃的课堂气氛，互助共享的教学资源以及给予学生的展示平台，都将有利地推动学生正面情绪的释放，而这种正面积极情绪的释放，将对教学产生积极的推动作用，同时拉近教学双方的距离。

5. 范围有限性

自主教学模式并不适用于所有的教学，因为对于某些要求极高且教学资源十分集中的高精尖项目，采用自主教学模式未必能适用，或者是教学环境不允许。因而在教学实践中必须注意到，并不是所有的教学内容都可以完全采用自主教学模式，很可能某些学科只能部分采用或借鉴其思维。高校的体育教育和其他学科的教学目标存在巨大差异，通常来说，高校的体育教学在知识模式方面并没有严格的教学目标，而更多地是让学生认识体育、热爱体育，并建立起积极乐观的心态和坚持体育锻炼的习惯，从而全面提升国民的综合身体素质。因而，高校体育教学是可以灵活化及自由化的，只要能实现最终的教学目的，无须拘泥于传统的教学模式。[1]

---

[1] 陈轩昂. 新时期高校体育教学的改革与发展 [M]. 北京：航空工业出版社，2019.

(三) 自主教学现状分析

1. 我国高校体育教学中自主教学存在的问题

(1) 未从根本上建立自主教学理念

要实现自主教学模式的构建和发展，在教学中引入自主教学的理念是首要的基础性条件，只有真正接受自主教学的理念并将其运用于教学实践，才能真正推动体育自主教学模式的构建及发展。但是目前我国的高校体育教育，并没有从根本上建立起自主教学的理念，或者是没有接受自主教学模式的理念，或者是对这一理念的理解存在偏差。一方面，许多学校仍然沿用传统的体育教学思维，所谓的自主学习模式在教学中往往流于形式，或者根本没有得到学校的认可，传统以教师为主体的教育理念仍然主导着体育教学。这些教育模式中课堂气氛十分单调：教师集合，调整队形，口令训练，跑步做操等传统热身运动，自由活动……这样的课堂显得十分枯燥，既不能使学生得到有效充分的锻炼，其相应教学方式也没能充分体现出自主学习的因素。这些院校，通常没有认识到自主教学模式的重要作用和其对于现代教学的积极意义，同时也没有深入分析研究自主教学模式和体育教学相结合的可能性和可操作性，许多学校想当然地从主观臆断上对自主教学模式进行了判断而没有进行科学有效的分析研究。

另一方面，部分院校对自主教学的理念在理解和运用上也存在偏差，将自主教学模式和自学混合起来，虽然在教学中重视了学生的个人特征并将学生作为教学的核心，但对整个自主教学模式来说，缺乏相应的配合、引导、帮助元素，学生在自主学习过程中得不到及时有效的引导和帮助，导致体育教学在给予学生自主权的同时走向了散乱失控的另一个极端，对体育自主教学模式的要素没有进行科学准确的把握和运用，从而使体育教学缺乏核心引导力和凝聚力。由此来看，未从根本上建立起自主教学的理念成为影响高校体育教育的重要因素。

(2) 未从根本上引起学生的兴趣

"我喜欢体育运动，但是我不喜欢体育课"，流传于网络的这句话，尖锐地指出了当下高校体育课堂的尴尬现状。很多学校为了跟上时代的步伐，花重金购置了多媒体教学设备，而对这些设备的应用，无非就是将写在黑板上的东西用课件的形式表现出来，或者加上一些音频、视频资料，这样的方式换汤不换药，形式的单调使教学效果大打折扣，同时也扭曲了体育教学在学生心中的地位，很多高校生甚至将体育课等价为"休息课、娱乐课"。不仅如此，很多高校甚至将体育教学与操场教学等同起来，认为体育教学就是在操场上讲解和组织活动，这种错误的思想使高校体育课和小学的活动课几乎无异，在这样的情况之下，体育课无法吸引学生的兴趣，自由活动往往就宣告了体育课的结束，不少学生溜回教室看书、睡觉，或在学校散步聊天，本就不多的体育教学时间就这样白白浪费了。

（3）未建立完备的自主学习系统

自主教学模式的构建是一个复杂的系统化工程，它需要在管理、人力资源、师资力量、软硬件设备、教育模式、系统划分、系统组成与运行等诸多层面进行科学的分析和构建，并且在大量的相关影响因素中建立起联动机制，实现各要素之间的有机联系。因而，体育自主教学模式的构建绝不等于简单地将教学完全丢给学生，要实现高校体育自主教学模式的构建，必须进行系统的规划和设计，并逐步建立和完善这一系统化的工程，同时在教学实践中还需要根据实际情况的变化不断进行调整及优化。在自主教学模式中，教师和学校仍然扮演着十分重要的角色，只是其具体侧重点和教学方式出现了变化，更多地变为引导和帮助及分析总结。一方面，应该积极丰富课堂教学形式，提高学生对高校体育课堂的认同和兴趣，同时也应该搭建一个有效的平台来引导学生的自主学习，解决他们在学习中遇到的问题。然而，非常遗憾的是，目前许多高校体育教学并没有建立这样一个有效的自主教学模式，往往只运用到了自主教学中的某些元素或方法，而没有将这些元素进行系统化的整合，因而其体育自主教学模式的构建往往比较片面，没有实现自主教学模式真正意义上的构建及发展，这也成为影响我国高校体育自主学习模式发展的一个重要原因。

2. 高校体育自主教学现状的特点分析

（1）学生身体机能和学习需求存在差异

通过调查可以发现，高校大学生在体育身体机能和体育学习需求乃至学习兴趣方面存在明显的差异，学生群体的身体机能各不相同，对体育学习的需求和兴趣爱好也呈现出一定的层次差异。由此可见，学生的个人体质各不相同，对体育教学的需求和兴趣爱好也就存在一定的差异，他们更愿意获得一定自由选择的空间，而不是千篇一律、一成不变的"统一性""规范性"体育教学模式。在高校目前的体育教学系统中，除了专业体育生的训练之外，其他所有学生都划分为非专业类，进入各个体育教学班进行统一模式的体育教学。在高校目前的体育教学设置中，学生虽然可以按照自己的兴趣在一定程度上选择体育"兴趣班"，但是这样的选择范围仍然较小，且体育教学班级还是以学生正常教学班为基础来划分，而在各个兴趣班中，并没有根据学生的个体差异设置不同的教学模式，仍然是统一的教学计划和统一的教学模式。可以说，高校在自主教学的选择层面走在了全国前列，并实现了一定程度上的自主化，但是在实施层面却未能深入发展下去。

（2）学生自主学习的能力处于低位水平

根据相关调查，"学习自主类"9个问题的调查分析表明，在高校目前的体育教学中，学生普遍表现出愿意接受自主性教学模式的意愿，但同时学生自身的自主学习能力较低，总体上处于低位水平。具体表现在，对于自主学习的过程缺乏自主性的控制和监督能力，并且在自主学习的过程中渴望得到来自教师和同学的帮助与支持。特别值得指出的是，尽管对帮助和支持有着渴望，大部分学生却不愿意当面进行，而更愿意选择非公共场合的方式进行帮助。也就是说，大部分学生不愿意在课堂上向教师或其他同学请教，而更愿意在课后非课堂的环境下进行互动学习。

3. 高校体育教学自主教学构建的重要性分析

（1）自主教学未成系统化

从对"学习过程类"的问题分析中可以看出，大部分学生对自主教学这一模式表示认同,也愿意尝试自主性教学,但是由于自身自主学习能力普遍较低,他们又十分重视教师提出的教学计划、规定的教学内容,并对自主教学的效果感到不确定。在高校目前的体育教学中,学生希望自身的自主学习能够系统化地进行,能够得到来自教师及同学的帮助和监管,并希望在这一过程中植入一定的教学机制,能够帮助自身的自主教学系统化、科学化地进行,而不是变为纯粹的自学。

(2)学生渴望更大的自由空间

高校体育教学中,学生十分渴望能拥有更大的自由学习空间,并期望通过自由宽泛的学习环境,真正在体育领域有所进步或发展。这些需求归结起来有以下几类。

第一,能够自主选择学习的内容,并和教师一起设定符合自身实际情况的教学目标。在进行分组练习时,希望能进行自由组合,同样的教学内容,希望教师能够提出不同的学习和练习方法供自己选择。

第二,希望在体育教学中教师能够给予自己一定的自我展示平台,让自己充分展示体育特长,并分享自己的经验,和同学们一起学习进步。尤其是体育基础较好的同学,他们十分渴望在体育教学平台上收到来自各方的关注,将体育教学作为一个学习和自我展示的平台,并由此获得成就感和荣耀感。

第三,优化体育教学课堂的氛围和教学模式。大部分学生希望在体育课堂上教师能安排一些个人练习和同学交流的机会,并希望学校能够让自己拥有自主选择体育学习项目的机会。同时,大部分学生表示,不喜欢刻板且一成不变的体育课堂,他们更加渴望和谐、融洽,同时充满趣味和互动的课堂。

二、高校体育合作教学模式

(一)体育"合作教学"的涵义

合作教学是 20 世纪初创立,20 世纪 50 年代在美国发展起来的一种崭新的教学理念。合作教学的研究者从社会学、哲学、教育学和心理学等各个角度研究学习者学习活动中各种因素的作用，从而提出在教学活动中要运用合作教学的理论。在此基础上归纳总结出合作教学的定义：合作教学表述为以合作教学小组为基本形式，系统利用教学动态因素之间的互动，促进学生的学习，以团体成绩为评价标准，共同达成教学目标的教学活动。

具体来讲，合作教学具备三个方面的基本特征。第一，合作教学要以合作教学小组为基本形式，只有通过小组方式才能形成一种紧密结合的学习方式；第二，要利用小组间的互动进行关于教学内容等因素的讨论，在互动交流中发展学生的推理能力、合作意识以及解决问题、人际沟通的各种能力；第三，这种教学模式要以整个小组即团队的成绩作为评价的标准，其能够有效地促进团队成员间的相互合作，改变个人独立学习的学习态度。

(二) 高校体育教学中合作学习的意义

1. 合作教学能充分体现学生的主体性

在传统教学模式下，体育教学主要是以教师的"教"为中心，而学生只是一味地去"听"，而合作教学的教学模式改变了这种单一方向的教学形式，并将其转变为互动式的教学形式，充分体现出了学生的学习主体性特征。合作教学能够给予学生学习的自由空间，更能够在合理分组的基础上促进学生间的沟通与交流。在体育合作教学的模式中，学生利用团队的合作精神能够很好地建立相互间的信任，充分表达自我，锻炼思维能力，真正实现以学生为主体的教学思想。

2. 合作教学能促进学生身心的全面发展

体育本身就有促进学生身心健康发展的作用，但是要想真正发挥出体育的这种作用，还要求学生能够进行合作学习。合作教学的教学模式通过小组合作，加强了相互间的人际交往，能够促进学生在情感上、认知上以及身体上的全面发展，将学生的个体差异融入一个小的集体中，在共同探索和学习讨论中改变着每个人的社会认知。同时，良好的身体素质以及融洽的人际沟通能够使学生减轻体育学习的压力，产生更大的学习兴趣，保持心理健康。

3. 合作教学能够培养学生的团队精神

高校体育合作教学模式有助于培养学生的团队精神，充分调动学生学习的主动性。由于合作教学的成绩评估是依据小组团队的整体成绩的，所以很容易形成小组内的合作意识，淡化了个人的竞争性。但是，同时也加强了小组间的竞争性，学生通过整体的合作与其他小组形成竞争，个人都不愿意拖整个小组的后腿，这就调动了学生学习的主动性，同时也培养了每个学生的团队精神，在体育赛事中往往最需要团队中每位成员的相互合作。

三、高校体育快乐教学模式

（一）快乐教学模式的概念

快乐体育教学模式起源于第二次世界大战后的德国与日本，其主要是指深层次的心理快感或者成功感，是让学生在体育运动中体验到参与、理解、掌握以及创新运动的乐趣。在立足尊重学生主体地位的同时，注重激发学生学习的自主性和创新意识，从而形成学生终身参加体育实践的志向和习惯。

"快乐体育"一词的最早出现于1979年日本东京召开的第24届"全国体育学习研究协议会"上。竹之下休藏作为这次会议的发起人和领导人，在战后不久就将美国的小集团理论移植到现代体育教学之中，并成功创造了"小集团学习方法"。1953年以后，小集团理论得以深化，继而提出了"追求正确而丰富的体育学习"的口号，教育界开始重视调动学生在教学过程中的学习主动性。随着60年代初期，日本教育出现向管理主义、体育向"技能""体力"回归的倾向，竹之下休藏提出以学习对抗体练式体育，并开始探索从根本上打破"手段论体育"的教材论以及方法论，其目的是创造出真正能够实现战后新教育目标的体育。

（二）快乐体育的基本要素

1. 环境优化

"硬环境"优美协调；"软环境"（人文因素）健康和谐。

2. 情感驱动

教学中要引起学生快乐和成功的情感体验；教师应从情感教学入手，以自己对学生、对教材、对教学活动的热爱激发学生勤奋学习；建立民主、合作的师生关系。

3. 协同教学

协同教学是指运用协同论的原理，在体育教学过程中重视教与学诸要素之间的参量配置协调、同步以及互补，以形成体育教学活动协同高效的运行机制，使体育教学的整体功能得以放大、增值。协同教学要求启发式教法与创造性教法的有机统一，其突出特点是在内容上强调"发现学习"、在形式上强调"学习过程自主"。

4. 增力评价

增力评价由口头的形成性评价和激励性评价组成，是一种即时的教学反馈。在具体运用时，应注意以下几点。

第一，形成性评价要及时准确，激励性评价要适时并保持较高的频率。

第二，要有效实用。

第三，要避免超负荷。

第四，要强调多项性。

5. 快乐体验

快乐体验主要指快乐的运动体验与成功体验，在教学中强调不同的体育活动所独具的乐趣。实践中应强调以下几点。

第一，教材要适合学生的身心特点，照顾学生的体育兴趣，满足他们的体育需要。

第二，"情知交融"，使学生产生强烈的学习欲望。

第三，加强学法指导，使学生的学习在"我要学"的基础上做到"我会学"。

第四，强调非同步化教学，要因材施教，区别对待，力求使每个学生都有自己的学习目标和自我实现的机会。

（三）快乐体育教学模式的基本内涵

1. 注重学生主体地位

传统的体育教学论过于强调教师的主体地位与主导作用，认为学生只是一个需要教育的客体，只能被动地接受体育教师的教育培养，这样就导致了学生主体地位的丧失，自觉性、积极性的泯灭。失去学习的兴趣，便无法激发与维持学生学习的动机，也无法体验到满足需要的乐趣，学生也不会进行有效的学习。快乐体育十分重视在体育教学过程中学生的主体地位，在教学中充分发挥学生的内因作用，即学生的主体作用。快乐体育理论认为，重视学生的主体地位，激发和维持学生学习的兴趣与动机是提高教学效果的有效手段。从人的发展来看，兴趣和动机是构成人的人格特征的一个重要组成部分。另外，学生从事体育学习的基础、追求目标、个性心理、学习的方式方法等均不相同，教师只有最大限度地适应学生的需要，因材施教，积极地鼓励、引导学生，才能取得良好的教学效果。

2. 建立和谐的师生关系

体育教学是双向多边、复杂的活动。体育教师掌握着教学方向、进度和内容，要用自己良好的思想品德、丰富的知识、高超的运动技艺，活泼、生动的形象教育和影响学生，在教学中发挥主导作用。学生是学习的主体，其学习目的、态度、动机、积极性、身体状况、兴趣、思维能力、情绪等都直接影响教学效果。传统的体育理论认为师生之间是命令与服从、上级与下级、教与学的关系，教师神情严肃，不容置疑，学生唯唯诺诺，言听计从。快乐体育强调在体育教学中，师生之间、学生之间都存在着双向信息交流，建立和谐的师生关系、生生关系。

3. 追求个性的和谐发展

传统的学校体育理论认为，体育教学的主要目标是追求运动技能的规范、提高和增强体力，这样教育出来的儿童、少年都是成人化的：成人化动作、成人化理论、成人化思想。这在竞技体育中表现尤为明显的是：国内少年和国外少年竞技能力相差无几、或过之，一旦再发展，国内少年的成长速度也就不如国外少年的成长速度。快乐体育认为推动学生个性的和谐发展是快乐体育思想的根本精神所在。快乐体育与学生的个性发展存在着辨证关系，一方面是学生的个性倾向性和个性发展水平，在运动项目的选择以及参与运动项目的积极性和主动性上充分表现出来，另一方面快乐体育又能促进学生个性的和谐发展，能帮助学生更深地挖掘从事体育运动项目的潜力和参与运动的乐趣。这两方面相辅相成，在增强学生体质的基础上，促进所有学生在智力、心理素质、美育和能力等方面都能得到发展。在快乐体育的思想指导下，培养学生的独立性、自主性、创造性以及热爱美、鉴赏美、表现美的情感和能力，丰富精神生活，促进学生个性的全面发展。

4. 教学活动中的快乐性

体育教学艺术的本质在于促进学生乐于进行体育学习，为深化旨在追求运动乐趣的体育学习，学生们自发、自主的学习活动成了一个非常重要的条件，满足学生们的运动欲求就会使他们产生运动的乐趣。这种欲求的水平越高、越明确，其满足后获得的喜悦也就越大。因此，体育课不能是带有教师强制性的，而必须能使学生自发、自主地享受运动乐趣的体育课。丰富多样、生动活泼的教学方法，新颖有趣、逻辑性强的教学内容，可以不断地引起学生新的探究活动，从而激发学生更高水平的求知欲。

5. 思政教育和提高运动

体育教学不仅要育体，还要育心。社会越向前发展，对人的道德情操和适应社会生活能力的要求也越高。体育教学可以培养学生具有一定的适应社会生活要求的个人行为和社会行为，具有符合时代精神的思想品德、文明修养、道德情操等。快乐体育在注重学生的主体地位和发展个性的同时，也要求运动技能在积极参与下的提高，培养终身体育的能力和习惯。

（四）快乐体育的实施原则

1. 教育性原则

在体育教学中渗透德育是体育教学的基本要求。快乐体育以"乐学"为支撑点对学生良好心理素质的培养更加广泛而深刻，包括目的、兴趣、情感、意志等全部非智力因素。

2. 趣味性原则

"授之以趣"，教师乐教，学生乐学，形成良好的教学气氛。使学生在轻松的、舒适的、快乐的环境中进行体育课，从而使学生快乐地学会动作及技术。

3. 情境性原则

将体育教学活动置于一定的情境之中，使学生贴近生活，使体育学习变得亲切、自由和愉快。

4. 激励性原则

教学中一方面要"激情""激趣""激志"，激发学生主动学习精神；另一方面要"激疑""激思""激智"，激发学生的心智活动，达成在快乐中求发展、在发展中求快乐的目标。

5. 实效性原则

近期目标是培养学生良好的学习习惯和乐学精神，提高教学质量，远期目标是面向终身体育，提高体育素质。

四、高校体育俱乐部教学模式

(一) 体育俱乐部教学模式基础内容

1. 体育俱乐部教学模式的概念

体育俱乐部教学是由学生自主选择教师，同时根据教学条件开设相应的项目，让学生系统学习该项目的原理与方法、组织与欣赏等方面的知识与能力，从而达到真正掌握一至两项终身从事的体育运动项目的一种教学模式。体育俱乐部教学注重培养学生的体育兴趣，提高学生的体育能力。这种方式的教学注重知识性和趣味性、理论和实际的结合，能够发挥学生的主观能动性和创造性，让学生积极参与，使学生在体育锻炼中体验到快乐、成就感，达到培养学生参加体育锻炼的意识、提高学生运动能力的目的。学校体育俱乐部式教学模式是以培养学生终身体育意识、习惯和能力为主的教学方式，它能够把学校体育与社会体育实现有效衔接，并最终使高校体育向终身化方向发展。

2. 体育俱乐部教学的特点

（1）课外体育俱乐部教学模式

课外体育俱乐部是高校体育俱乐部教学的最早形式，它作为高校体育课的延伸和补充，以拓展学校体育功能、培养学生拥有良好的体育习惯和行为为主要目标。课内体育俱乐部模式是近几年我国高校体育教学改革的一个热点课题，它以现代的教育思想和教育理论为依托，充分体现人本主义的教育理念，以构建现代大学体育新的学习方式为目标。课内外结合的体育俱乐部是伴随着高校素质教育的兴起、以培养学生的整体教育观为出发点，提出课内课外一体化的体育管理模式，它以终身教育思想为指导，以培养适应学习型社会的能力为目标。

①课外体育俱乐部教学模式的组织形式特点如下。课外体育教学俱乐部是活跃于高校体育课堂之外的一支重要力量，其组织形式包括：兴趣学生自由组合、学生团体或社团组织、体育部组织、体育教师个人组织、社会单位与个人组织等。其中，学生团体或社团组织和爱好者自由组织是群众团体，按规定需要校团委批准和备案，其他组织形式则属于体育管理的范畴。但是，不论是哪种组织形式都有共同的特点：俱乐部大多面向高校一至三年级的全体同学，学生根据自身的爱好，自愿参加，活动不分班级和年级。活动内容和过程不受体育教学大纲和学校教学进度的制约，大多围绕展示表演和比赛展开。俱乐部活动时间分为固定或不固定两种类型，由俱乐部单独决定。俱乐部大多采用会员制，参与者需缴纳一定的会员费。

②课外体育俱乐部教学模式有其优点及不足。高校各种类型的体育俱乐部（体育单项协会）和其他校园文化组织一起发挥着丰富高校校园文化的作用，由于它面向开放的是高校全部年级的学生，因此，其可以在一定程度上满足已经不上体育课的学生的体育锻炼需求。体育俱乐部活动围绕校园文化节、社团活动月等活动展开，高校体育俱乐部项目有的是学生课内学过的，

有的则是在练习过程中习得的，有的是聘请老师指导所得，有的则由学生中的一些特长生自行指导，体育锻炼效果参差不齐。在体育俱乐部活动场地使用方面，由于所属部门的原因需与体育部相互协调，在协调过程中有时会出现权责不清的问题。以上各种不利因素，导致俱乐部的体育活动受到极大限制、不能全面展开。体育俱乐部开设的体育项目大多是体育课堂教学中的运动项目，其可以作为体育课的延伸和补充。在划分其所属俱乐部的形式时，应该将这部分划归到课内外一体化体育教学俱乐部的范畴，但需对体育俱乐部的管理作出进一步的规划，实现真正的课内外一体化。

（2）课内体育俱乐部教学模式

课内体育教学俱乐部是建立在体育教学模式基础上的体育教学形式，其将现代高校体育教学理论融入高校体育课堂，从思想、组织、形式、方法、评价五个方面进行全面、系统的更新，改变高校体育教学传统的班级授课制，在课堂内提倡开放性、自主性、自由性、随机性，学生的课堂学习完全是一种主动积极的行为，体育教师只需承担设计、辅导、检查、指导四个方面的教学任务，此种模式彻底改变了传统的体育教学模式，学生与教师的角色亦发生了根本性的变化。

课内体育俱乐部是伴随着高校体育教学的改革，而适时出现的具有尝试性的研究课题。虽然部分高校已经建立了课内体育俱乐部教学模式，但由于学生和教师认识上的偏差，以及高校体育课程环境的差异，课内体育俱乐部教学模式相关实施方法仍然得不到推广，还没有完全普及。

①课内体育俱乐部教学模式的组织形式特点如下。课内体育俱乐部教学模式打破了原有班级的限制，由学生根据自身特点选择体育运动项目与运动时间，并与体育教师合作完成体育教学。按照教育部高等教育司的相关规定，体育课是高校一、二年级学生的必修课，因此，高校开展体育俱乐部教学的对象大多数是大学一、二年级的学生。此外，课内体育俱乐部教学模式在具体实施过程中，通常有两种情况：第一，部分高校采用一年级以上统一的基础体育课，如田径、武术等体育课程，在大学二年级才开

始上俱乐部课；第二，部分高校从大一新生一入学便上俱乐部体育课，但大多数在二年级时又重新选择运动项目，并上俱乐部体育课。对于上述问题，相关学者进行了研究，并指出我国中学和高校体育存在脱节的现象，所以有必要在大学一年级对学生进行基础体育教学，以便提高学生的体育综合素质，为学生进入高层次的俱乐部学习奠定基础。但是，在具体教学过程中，采用哪种形式比较有效尚没有定论，有待进行更为深入的研究。

②课内体育俱乐部教学模式的教学内容特点如下。高校课内体育俱乐部开设的项目包括乒乓球、羽毛球、篮球、网球、足球、武术、跆拳道、台球、垒球、太极拳、女子防身术、健美操、体育舞蹈等体育类别。通常情况下，各高校需要根据本校的软硬件设施，合理选取部分项目开设课内体育俱乐部，这也决定了各高校在俱乐部体育项目的设置方面存在着较大的差异。

③课内体育俱乐部教学模式的上课时间有以下特点。参加课内体育俱乐部的学生不分班级，按照同一年级内班组的共同形式上体育课。学生上课时间相对固定，每周安排两个课时，排入课表，相关学生必须参加。此种形式的俱乐部完全由学生根据自身条件选择上课内容，对部分学校而言，在专业教师、硬件设施方面难以完全满足全体俱乐部成员的要求，在实际操作过程中难度较大，很难实现。

④课内体育俱乐部教学模式的优势与存在的问题如下。课内体育俱乐部教学模式的优势相对于传统体育课教学模式而言，更加强调"以人为本"的精神。因为学生是根据自身的兴趣爱好进行选择的，上课意愿较强，学生积极性高，同时还能提高学生积极主动学习、进行自我评价和相互评价的能力。对于体育老师来讲，该种模式避免了教师要按照学校制定的规范课程上课和自身体育专业不对口的问题。教师可以充分发挥自己的专业特长，提高教学的积极性，调动自己上课的热情。但是，体育教师应该在教学过程中重视理论与实践的紧密结合，在运动实践教学中渗透相关理论知识和体育健身锻炼方法，并运用多种形式和现代教学手段，扩大体育的

知识面，提高学生的认知能力。避免形成单纯传授体育技术、技能和以教师为中心的教学观念。

单纯的课内教学俱乐部无法实现培养学生终身体育意识，以及帮助学生养成终身体育锻炼习惯的目的。同时，由于该模式面向开放的对象仅限于一、二年级学生，无形中将三、四年级的学生排除在外。教师如果在课外时间对于学生的锻炼活动没有作出明确的导向，就会使部分学生放弃体育，因而要注重学生课外的体育锻炼，以此来促成在校大学生养成真正的体育锻炼习惯，进而培养学生终身体育锻炼的行为。

（3）课内外一体化体育俱乐部教学模式

高校课内外一体化体育俱乐部教学模式是高校体育教学中的一种体育文化现象，表现为具有相同体育兴趣爱好的大学生，基于自我发展与完善的需要，自由选择体育活动项目，并且结成具有社团性质的体育团体。通过体育教师的指导，学生可以根据自身特点自主选择体育课程内容，自主选择体育教师，自主选择上课时间，再结合成有组织的课外体育活动团体，营造生动、活泼、主动的校园体育文化氛围，使高校体育教学与课余体育活动保持连续性和统一性。课内外一体化体育俱乐部教学模式的特点是学生拥有"三自主"，即自主选择学习项目、自主选择任课教师和自主选择上课时间。学生自己确立目标，自己评价，由被动学习者变为主动参与者，形成良好的体育素养和健身意识，确立终身体育的观念。

课内外一体化体育俱乐部教学模式是以学校体育场馆为依托，在"健康第一"和"终身体育"思想的指导下，为达到学生生理、心理和社会三个不同层面的目标而设计的体育教学模式。其也是以学生自主选择俱乐部为基础，综合运用各种教学策略与方法，将课内体育教学与课外体育活动融会贯通的一种体育教学模式，它既承担着课内体育课堂的教学任务，又兼顾着课外余暇体育锻炼、群体竞赛和业余训练功能。

①课内外一体化体育俱乐部教学模式的组织结构特点如下。每个教学俱乐部设立主席一名（体育教师），指导教师若干名，副主席一名（一、

二年级学生），宣传部长一名（一、二年级学生），相关办公人员若干名（一、二年级学生），志愿者若干名（三、四年级学生）和其他人员。俱乐部主席主要负责处理俱乐部的申请，宏观把握俱乐部的发展方向和计划安排，并和指导教师同时负责完成课堂教学和指导副主席组织管理会员的课外活动。俱乐部副主席需要领会贯彻指导教师的意见，上传下达，反馈意见，负责组织管理会员的课外活动。宣传部长需要负责对外宣传工作，志愿者的主要任务是协助俱乐部副主席完成指导教师下达的具体任务。

②课内外一体化体育俱乐部教学模式的内容及安排特点如下。各学校需根据自身的实际情况开设多个单项俱乐部，这部分内容与上文提到的课内体育俱乐部教学模式一致。课内外一体化体育俱乐部的活动内容主要包括两个环节：一是课内内容，二是课外内容。课内教学内容安排以传授体育与健康的体育基础理论知识、体育专项运动的基本技术、体育技能及其理论知识、体育单项运动的裁判知识以及观看组织比赛等方面的内容。课外内容则主要以组织学生进行专项锻炼、表演和比赛为主，通过学生参与组织管理来实现体育知识的运用与实践，从而进一步培养学生终身参与体育运动的意识。

③课内外一体化体育俱乐部教学模式的优势及存在的问题。高校体育教学实行课内外一体化俱乐部教学模式可将课内外融会贯通、紧密结合、相互统一。不仅便于学生系统地掌握体育运动的基本知识和相关技能，更好地掌握锻炼方法，取得良好的体育锻炼效果，有效增强学生的身体素质，提升全体学生的健康水平，而且能满足学生的运动需求，培养学生的个性，帮助其养成锻炼习惯，提高体育运动能力和技术水平，为终身体育打下良好基础。同时，学生通过在活动过程中参与组织与管理，主观能动性得到加强，组织管理能力也得到提高，在管理与被管理的过程中学生的协作能力也能有所提升，最终使自身的团结协作精神得到加强。由于高校的学生有着不同的专业，就业后会分布在各行各业，他们良好的体育锻炼习惯可以促进甚至带动整个社会体育的快速发展。

部分学生在选择体育项目时存在盲目性，据相关调查资料显示：大约有70%的学生在上大学之前都接受过正规的体育课教学，内容以田径为主，只有少数学生学习了武术或健美操等体育项目。还有30%左右的学生，在上大学以前没有上过系统体育课，这与生源地有较强的关联性，重点中学强于普通中学，城市学校好于乡村学校。学生对于开设项目的内容不甚了解，导致选择体育项目时产生盲从心理，需要学校做好各个体育俱乐部的宣传工作，使学生对于该俱乐部有一定程度的认识和了解。教师要做好引导工作，避免出现学生过度集中于某一俱乐部，导致管理上、教学上的诸多问题的发生。各个俱乐部在考试评分时要把握分数的高低原则，避免出现学生向评分高的俱乐部流动的情况。❶

（二）高校体育俱乐部教学的现状与问题

1. 高校体育俱乐部教学的现状分析

（1）体育俱乐部教学的组织现状

我国现行的体育俱乐部教学模式，在教学形式、管理体制、组织方法、师生关系等方面都存在极大的差异，绝大部分学校实施课内外教学俱乐部，极少部分是课内外一体化教学俱乐部，而课外活动俱乐部则是学生社团自发的一种组织。课外体育俱乐部具有独立性，没有课程"教学"含义，只是学生通过这个组织形式，在课余组织开展一些单项体育活动和比赛，这是课内俱乐部教学的补充和延伸。

不同类型的体育俱乐部，其组织形式也存在一定的不同。高校体育俱乐部以课堂教学为主，多由体育部或体育室负责组织，教师参与组织并辅导，以上课的形式出现。体育教学有固定的上课时间，学生务必参加，多以自主练习为主；课外活动类体育俱乐部教学主要以学生的课外活动为主，由学生社团或体育爱好者自发成立，没有固定的上课时间，学生自己组织活动和比赛，若遇到问题则向教师询问；业余训练类体育俱乐部以校运动队训练、提高运动技术水平为主，由负责训练的教师组织，以上课的形式

---

❶ 陈轩昂.新时期高校体育教学的改革与发展［M］.北京：航空工业出版社，2019.

实施，有固定的训练时间，被选入运动队的学生要主动参加。综合类体育俱乐部有盈利性和非盈利性两种，前者按市场规律运作，对参加人员（包括校外人员）收费，利润交给学校或经营者分成；后者不按市场规律运作，服务对象主要是本校学生，适当收费。在这两种情况下，教师既是组织者、辅导者，又是体育教学活动的经营者，上课时间由参加者或学生自己选择。

（2）体育俱乐部教学考核与评价现状

目前，我国大部分高校体育俱乐部教学对学生的考核评价，主要采用"结构考核"和教师终结性绝对评价相结合的方法。"结构考核"的主要特点是"结构"多方面的构成，具体而言，就是将知识、态度和运动能力一起放入体育考试内容之中，其目的是完成"结合"和"全面"的整体要求，实现理论与实践、技术与能力、成绩与态度的紧密结合。实际上，"结构考核"中的内容大多主要以教师的评定为主，例如，学习态度、知识和技能等方面的评价，这些内容对教师的工作态度和公正精神有较强的依赖性，从而使评价学生的客观性更具有不稳定性、局限性和片面性。对于现阶段我国高校体育教学来说，这可能是一种比较可靠的教学考核与评价方法。但从考核与评价的角度分析，从教师的绝对评价到相对评价，从终结性评价到过程性评价，高校体育教学考核评价体系必将更加完善。

（3）高校体育俱乐部教学模式的发展现状

目前，我国高校体育俱乐部教学尚处于发展完善阶段，因此，各校设置的课程也略有不同。高校近年来的扩招造成了现有公共体育教学场地的不足。据调查显示，体育场馆、设施均达标的高校占5%左右，这就在一定程度上影响了体育教学的顺利实施。学生在选课时，多会选择球类项目。但教学场地与器材的不足影响了体育俱乐部教学的效果。

此外，现阶段我国高校体育教学模式在管理上尚有待进一步的规范与健全。由于教师专项结构的不尽合理，教师的专业化水平已经无法满足当下学生的多元化需求。随着未来社会健身、娱乐、休闲运动的普及与发展，学生学习的兴趣和爱好不再仅仅局限于以往的体育项目，而是更为热衷于攀岩、定向越野、高尔夫等一些较为时尚的体育运动项目，此种情况对目前体育教师的专业知识提出了挑战，也提出了更高的要求。

2. 高校体育俱乐部教学存在的问题

(1) 场地器材现状与需求差距较大

大量调查性研究的数据表明，高校在实施俱乐部教学模式以后，传统体育教学所重视的田径、三大球、体操等一些项目的场地和器材资源丰富。但一些新兴娱乐性较强的、深受学生喜爱的项目，例如，羽毛球、网球、轮滑等项目的资源十分匮乏，造成场地器材与需求的供求十分不平衡。

(2) 教学经费的筹集渠道有待拓宽

大量研究表明，高校体育教学经费绝大部分依赖学校拨款，经费来源十分单一，这种现象与学校的管理制度和管理者的思维方式有很大关系。同时，这与国外高校采取的多种经费筹集渠道的办学思路有较大的差距，而且也不利于高校体育教学改革的进行。打开筹集资金的渠道不仅可以解决体育教学的经费问题，而且可以帮助学生养成良好的体育消费观念，并搭建学校与社会的互动交流平台。

(3) 师资队伍与教学模式匹配不足

由于我国高校体育师资队伍的更新速度无法跟上教学改革的需求，导致传统体育项目的教师比较多，而一些新兴项目的专项教师则比较少，但是喜欢这些项目的学生却很多。此种现象不解决，就无法从根本上实现体育俱乐部教学模式，必须建立完善的教师教育机制来解决这些问题。

(4) 过度重视兴趣，忽视教学内容

体育教学改革在一定程度上摆脱了传统体育教学模式的束缚，使学生真正成为了体育教学的主体，为学生提供了自由发挥的空间，尊重学生的学习主体地位。然而，过度的"自由"使教师以学生的兴趣为教学中心安排各项教学目标，导致整个体育教学过分以学生兴趣为教学中心，错误地以满足学生兴趣为发展教学的主体性。在教学中，重视学生的兴趣是无可厚非的，但是以学生兴趣为教学中心则是行不通的。

高校体育教学担负着学生体质健康的重要使命，在进一步加大体育课程改革力度的同时，注重培养学生的兴趣、爱好、娱乐、人文教化、终身体育和掌握运动技术等方面的能力。在体育教学的过程中，应着力强调大学生现实身体素质的提升，在内容安排上针对学生体质健康存在的问题，以改善学生的身体机能，增强体能、促进学生体质健康发展为重点安排教学内容。

（三）高校开展体育俱乐部教学组织形式的现状

1. 由"普修"到"专修"的过渡

"普修"和"专修"是高校体育教学中两种不同的课堂教学组织形式，同时也是体育教学组织形式发展变化的两个截然不同的阶段。"普修"属于传统体育教学的范畴，它将学生按照一定的数量和层次进行划分，分班教学，不考虑学生的个人兴趣爱好，通过统一的教学大纲进行教学。在"普修"教学模式中，学生所涉及的课程大多是中小学体育课中出现过的内容。"专修"则是以某一类体育项目为主线，根据学生的兴趣爱好选择本项目的体育课。在由"普修"到"专修"的转变过程中，无论是课程设置还是教学组织形式都发生了根本性的转变。

高校体育"普修"课程的设置主要是根据体育教学大纲设计的，为了统一，体育课程内容仍然比较少，是在违背大多数学生兴趣爱好的情况下开设的体育课程。而"专修"则是从学生的角度出发，根据学生的兴趣爱好设置体育运动项目，此类项目的数量比较多，可以最大限度地满足学生的需求，从而做到因生而异、因材施教。"普修"是以遵循高校体育教学大纲为出发点，"专修"是以学生的兴趣爱好为最终目的。在具体组织形式上，"普修"是以相同专业的学生，按照一定的人数进行的统一教学，体育教师也不一定就是该体育专项的教师。"专修"采用自由体育选项，由该体育专项的优秀教师担任体育教学工作。学生可以根据自己的爱好、时间和教师的专项选择上课的类型、时间和教学老师。"专修"课程突出了"以人为本"的现代体育教学理念，塑造了学生的个性特征。在教学效果考核方面，"普修"以期末考试为最终的成绩，而"专修"考核的内容则主要包括学生的上课率、参与体育教学的积极性、自我锻炼与参加体育比赛的成绩等。"普修"考核的内容较为单一，而"专修"考核的内容十分全面。

全面实行体育俱乐部教学体制是高校体育教学组织形式改革的最终目的，并且能够全面、均衡地体现出学生在教学过程中的自主性、民主性以及合作性。体育俱乐部的教学体制十分复杂，每周一次的体育课难以实现这一目标。因此，学校要从素质教育的教育理念出发，并依据现代体育课程的基本理论，将课堂内的教学延伸到课外，要将早操、课外活动、体育俱乐部活动都纳入体育教学的统一管理体系之中，形成完整的课内外一体化的教学组织形式。课外体育活动需要因地制宜，开设受学生欢迎的体育教学俱乐部，尽可能多地将学生吸引到各种体育俱乐部中来，实现有组织、有指导的课外训练目的。负责俱乐部的教师既是组织者、管理者，又是体育教学活动的教练员，俱乐部的活动每学期要有计划、有训练内容、有考核，最终完成从专修课到俱乐部形式的转型。

2. 从只见"内容"不见"生"到因生而异

通过对比现代体育教学俱乐部与传统体育教学组织形式，可以发现，传统体育教学组织形式主要是以体育教学大纲为主体，以项目为主线。传统体育教学的选修课多是以少数几类体育运动项目为基础，导致学生选择面比较窄。现代体育俱乐部教学在教学组织形式方面比较灵活，学生可以自由选课、自由选择上课时间和自由选择体育任课教师。传统体育教学以体育教学大纲为关注点，突出的是体育运动项目。体育俱乐部突出的是学生的兴趣爱好，关键点因人而异。此外，相对于传统的体育教学，体育俱乐部特别关注学生的个性发展，强调培养学生的学习兴趣，改变学生的学习行为。传统的体育教学在过去的社会背景下，仅仅注重增强学生的身体健康、增强体质与学习技能。在教学组织方面，体育俱乐部的教学组织形式能够突出体育教学组织形式的多样性，极大满足学生的体育爱好。而传统体育教学的组织形式注重班级的整体性，弱化学生的特长，强调统一性，强调班集体的整体发展。在师生关系方面，体育俱乐部的教学组织形式特别注重教师与学生之间的相互协作、双向发展。体育俱乐部教学模式的突出特点主要体现在时代性、社会性、针对性、适应性、可操作性和实效性，从而也更具优越性。体育俱乐部教学组织形式，不仅在组织形式上彰显了自主性、民主性与自治性，而且在考核评价的方式方法上更加突出人性化。此外，在具体操作方式上也更加全面。这样的教学组织形式、实施过程、评价方式都具有科学性、合理性与人性化。

3. 高校体育俱乐部教学组织形式的利弊

（1）开展高校体育教学俱乐部的优势

①满足学生的个性发展和需求。高校的学生大多数处于18~22岁的年龄段，此阶段学生的自我意识比较明显，注重个性的追求。高校体育俱乐部教学形式能极大地满足学生的个性要求和自我选择，让学生自主选择上课时间、体育项目，增加了学生与体育教师交流的机会，提高了学生锻炼的积极性，激发了学生课外活动的热情。

②体育俱乐部的教学模式对于教师具有优越性。体育俱乐部采用学生自主选择体育项目以及体育教师的形式，学生的选择会直接反映教师的上课情况和受学生欢迎的程度，也可激励体育教师不断进行自我进修，提高自我意识，从而提升整个教师队伍的素质和教学水平。

③体育教学模式改革需要过渡条件。传统的体育课教学模式具有一定的固有模式，现在各大高校基本上都采用这种教学模式。相比之下，体育俱乐部教学模式更具灵活性、创新性。这种大的转变不是一瞬间就能完成的，需要一段过渡时间和先决条件。高校中的各种体育社团和协会为传统体育教学模式转化为体育俱乐部模式提供了现实的、自然的过渡条件和基础。

④培养学生终身体育的意识。体育俱乐部教学模式注重学生的自主性，消除了学生的厌学心理，促使学生能够从心底喜欢体育锻炼，在较大程度上增加了自我锻炼的积极性和热情。在学校中的不断锻炼也培养了学生长期进行体育锻炼的好习惯，同时也培养了学生终身体育的思想，从思想上指导行动，让学生养成终身体育锻炼的好习惯。

(2) 高校体育俱乐部教学的不足之处

当前的高校体育课,部分高校虽然已经开展了俱乐部式教学,并且体育教学方法也发生了一定程度的改变,但是与传统体育教学还存在一定的联系,不能完全摆脱传统体育教学模式的影响,甚至只是在传统体育教学模式中稍加改善。

第一,学生自主选择上课项目,打乱了原来的行政班级,给排课、成绩录入等工作增加了困难。

第二,项目之间出现了人数的不均衡,形成了明显的差异。

第三,增加了对体育场地器材设施和体育师资的要求。

五、高校体育终身教学模式

(一) 终身教育概念

所谓终身教育,就是人们在一生中所接受的各种培养的总和。作为一种教育思想,终身教育强调的是整个教育应该按照终身教育的原则来组织。终身教育的基本观点是保障终身教育和终身学习的机会、终身教育体系化、改革学校教育,终身教育是一项共同的事业。终身教育的最终目的是"努力建设更加美好的生活"和"汲取一切有益的因素帮助人们去过一种和谐的且与人性相一致的充实的生活"。具体目标包括培养新人、实现教育民主化、建立学习型社会。

(二) 终身体育思想的历史渊源

终身体育是终身教育的重要组成部分,并且终身体育的概念来源于终身教育,终身体育的思想与终身教育的思想一样古老。生活于希腊"黄金时代"的思想家苏格拉底坚持终身运动,并主张每个人都应该这样做,他说:"人的一切活动都离不开身体,身体必须保证工作的高效率。一般认为最不需要体力的思考,如果健康不佳也要误事,力量与肉体的美只有通过身体锻炼才能得到。""天行健,君子以自强不息",这是《周易》中的一句话,意思是说,天体因不停地运动而健在,人也应当按照"天行健"这种自然法则不断地运动。长寿与健康已经成了我国商周时期人们评判幸福的重要标准，这种观念对后来我国的养生学产生了极为深远的影响。孔子曰："有文事者必有武备，有武事者必有文备。"荀子言："行具而神生，养备而动时，养略而动罕，则天下不能使之全。"他们认为人的身体不是由天来决定的，强调了运动对人体健康的意义。终身体育的思想深刻影响到人们的体育实践是在 20 世纪 70 年代，1976 年联合国教科文组织在关于青少年体育运动的会议上进行了从终身教育角度看到的关于青少年体育运动的作用的专题讨论。1978 年联合国教科文组织指出："必须由一项全球性的、民主化的终身教育制度，来保证体育运动与运动实践得以贯彻每个人一生的思想在国际上得以确立。"

（三）终身体育的产生

从 20 世纪 80 年代以来，我国进入了社会高速发展的时期，特别是进入 21 世纪的信息和知识经济时代，现代生产方式已经逐渐由过去的体力劳动为主过渡到脑力劳动为主。不仅如此，由于生活节奏的加快，社会压力的增强，很多人已无暇进行身体锻炼。这就要求劳动者必须在业余时间通过一定的手段继续保持自身身体和心理的健康，以保证自身适应生产力的发展。体育运动锻炼恰好能够达到健康身心的目的，那么，怎样的运动方式才能伴随人的一生呢？在这种背景下，终身体育应运而生。

终身体育的特点和内涵，无疑能够满足现代社会发展的需要，使劳动者身体素质能够适应现代化生产方式和快速紧张的生活节奏，每个社会成员都应该保持良好的体质以适应社会发展的需要。由此可见，终身体育的出现是中国社会发展的必然产物。

（四）终身体育的概念

对终身体育概念的界定，持不同观点的学者有不同的表述。在我国较早倡导终身体育的王珊则教授指出："终身体育，是指一个人终身进行体育锻炼和接受体育教育。"从人的生命周期来说，我们可以把终生体育定义为人的一生中受到的体育教育和培养的总和。

(五) 终身体育的阶段性和具体内容

终身体育按人成长的顺序和接受教育环境的不同分为三个阶段：学前体育、学校体育和社会体育。学前体育主要是儿童在家庭影响和家长帮助下进行的一些简单活动，教育的任务是保育和培育；学校体育是学校和体育教师对学生进行的全面、系统、有目的的教育，其目的是全面发展学生的身体素质；社会体育主要是由社会、单位或家庭组织的体育活动及个人的体育活动组成，其目的是运用科学的锻炼方法强身健体。

(六) 影响终身体育的因素

一个人要想终身保持身心健康，延年益寿，就必须长年坚持体育锻炼。然而，影响终身体育的因素十分多样，其中来自个人方面的因素主要有：性别、年龄、体格、体力、个人目标、社会地位、知识结构、修养等的个体差异；受外部影响的因素主要来自教育、家庭以及社会。

六、高校体育欣赏教学模式

(一) 欣赏型体育教学模式的含义

"欣赏"即审美，但欣赏是一个较"审美"更广泛、更朴实的概念。欣赏是享受美好的事物，领略其中的情趣，它更强调过程。人类的审美活动随着人类社会的进步而不断拓展，也必然发生在作为人类基本实践活动之一的教育领域。教育塑造的是人的主体性和个性，正如车尔尼雪夫斯基所说："人的主体性和个性是我们的感觉所能感到的、世界上最高的美。"教育领域理应成为人类所创造的所有美中最杰出的美，正是在这个意义上，乌申斯基[1]认为："教学艺术是最高级的艺术，因为它力求满足人类最伟大的要求——人类本性的完善。"课堂教育过程的本质就是一种激发美感的过程，会对学生的心灵产生启迪、感染、震惊和净化效应。斯宾塞认为："没有审美价值，教育过程就会失去一半的美好意义。"课堂教学的整体运

---

[1] 康斯坦丁·德米特里耶维奇·乌申斯基 (1824—1871年)，毕业于莫斯科大学，曾任法律专科学校教师、孤儿院教师、斯莫尔尼贵族女子学院学监，是19世纪俄国教育家，被称为"俄罗斯教育心理学的奠基人"，代表作有《论公共教育的民族性》《人是教育的对象》等。

动态势、整体功利性制约和影响课堂审美，"美"是一种手段、形式、方法，而"教"的内容才是目的，才是主体。

欣赏型体育教学模式是与认知性体育教学、单一性运动技能训练相对而言的，它是指教师根据学生的审美心理、审美经验、兴趣爱好以及心理承受能力等，将教学过程中所蕴涵的美的因子（诸如教学目标、内容、方法、手段、评价、环境等）转化为审美对象，使整个体育教学过程转化为美的欣赏、美的表现以及美的创造过程，实现一种以身心体验为核心，着力培养学生的体育兴趣、人文素养、审美情趣、创新精神和实践能力，从而达到领悟体育的真谛，得到精神上的愉悦，促进运动技术、生理和心理等方面和谐发展的教学实践活动。

（二）欣赏型体育教学的基本特征

1. 整体性

马克思在《关于费尔巴哈的提纲》中，提出了一个著名论断："人的本质不是单个人所固有的抽象物，在其现实性上，它是一切社会关系的总和。"这一论断深刻地揭示了人的整体性与不可分解性。人作为一个活生生的个体，是在对象性的实践活动中展现其生命的，这些对象性活动中结成的关系维系人的生存，这些因素缺一不可，共同表现出人的生存图景。人是如何生产和生活的，人就是什么样的。人需要在实践中全面地占有自己的本质，人以一种全面的方式，也就是说，作为一个完整的人，把自己全面的本质据为己有。因此，人的解放就不单单是某一方面的解放，而是整体的解放。作为培养人的教育，人的生命是多层次的、多方面的整合体，生命有多方面的需要：心理的、社会的、物质的、精神的、行为的、认知的、价值的、信仰的，任何一个人都是以一个完整生命体的方式参与和投入，而不只是局部的、孤立的、某一方面的参与和投入。欣赏型体育教学是一种生命活动形态，具有整体性。无论哪个国家、哪个时期的体育课程，增强学生体质，提高健康水平，都是其重要的乃至首要的功能，这是由体育的功能所决定的。科学研究表明：体育对提高大脑的工作能力、促进有机体的生长发育、提高人体功能、调节人的心理、提高人的社会适应能力等方面都具有不可替代的作用。欣赏型体育教学目标的整体性是以身心体验为核心，培养学生的体育兴趣、人文素养、创新精神和实践能力，从而达到领悟体育的真谛，得到精神上的愉悦，促进学生运动技术、生理和心理等方面和谐发展的一种整体教育观。它不仅仅关注体育知识、运动技术、技能的掌握，更把提高学生的整体健康水平作为终极目标。

2. 自由性

自由是体育最显著的特征，人们一提到体育就会联想到自由，这是因为人们头脑中的体育概念本来就包含着人们关于这类活动的自由体验，自由的活动必须是自觉、自主和自愿的活动。例如，观看篮球飞人们的精彩表演自然唤起了我们对篮球的热情与一试身手的冲动；听到富有韵律感、活泼轻快、情绪激昂的音乐，我们就会自然地进入一种运动状态，自觉地加入到健身的行列。教育，作为人类的一种有目的地培养人的实践活动，就是人按照自己的目的——人的理想发展状态，来改变人在自然状态下的发展，进而实现自由的发展。正是教育的这种本性，使教育的审美具有了一种内在的强大动力。

教学审美是一种令人愉快的自由活动，应遵循学生的审美心理特点。学生作为审美主体，由于审美情感、审美经验以及审美理想的不同，对教学美的感受、理解、评价也各有不同。学生所采取的陈述和表达方式以及审美评价方式都有自己的特点，表现出自己个体审美差异。学生总是按照自己对教学美的理解，而采取各种表述、评价方式的。

3. 多样性

黑格尔说："美的形象是丰富多彩的。"苏联学者阿里宁娜指出："教材的内容和依据美的法则组织起来的教学过程不会自动起作用，而要通过教师的个性。在教育过程中，不同的教师对教育内容的理解、认识、感受不同，对教育媒介的运用也会不同，在教育活动中表现出自己独特的风格。学生的学习亦是如此，不同学生有自己不同的认知风格。他们无论是对知识的理解、掌握、运用，都表现出自己的特色。"苏霍姆林斯基深刻地指出："任何一个教师都不可能是一切优点的十全十美的化身，在每一位教师身上都有某种长处，他能够在教育活动的某一方面比别人更突出，能更完美地表现自己。"受教育者不仅由于年龄不同而对教育美有不同的要求和理解，就是同一年龄段的不同班级、不同学生对于教育美的要求和理解也同样表现出不同的特点。

（三）欣赏型体育教学的主要作用

首先，欣赏型体育教学模式是一种关注人的和谐发展的教学理念，通过欣赏型教学，能够更好地实现体育课程的教学目的。在欣赏型体育教学中，学生自主选择喜欢的课程，在学习后为其他专项同学讲解本专业知识，并能参与到其他运动中去，使学生在课堂学习上更能积极主动地汲取知识、努力练习，并在交流过程中巩固自己所学，使课堂教学效果更加显著。

其次，欣赏型体育教学能够拓宽学生的学习范围。"三基"教学仅仅教授大纲规定的统一内容，选修课是教授单一的运动项目，致使学生的体育课程涉猎面太窄，不利于学生整体素质的提高。欣赏型体育教学，通过交流、学习，使学生能够汲取其他体育运动知识，并学会如何欣赏，拓宽学生的学习范围，增加学生知识的积累量，提高学生的体育运动欣赏能力。

最后，欣赏型体育教学能够全面发展学生的素质。传统"三基"教学和选修课教学内容单调，教学方法单一，以练习为主，无法全面培养学生的综合素质。欣赏型体育教学采取自主学习、欣赏评论等方式，可以培养学生的自信心、表现欲望、团队精神以及体育欣赏能力。

七、高校体育网络教学模式

（一）相关概念

1. 网络教学

网络教学是利用计算机设备和互联网技术，在此基础上实行信息化教育的教学模式。借助互联网平台实现异地、实时的教学和学习，将多媒体的视频、音频、图像、动画等资源融合在一起。网络教学的主体是教师和学生，教师制作多媒体课件或开发网络课程时参考教学大纲、学生学习特征和学生认知水平，有针对性地调整课程、课件内容，并将制作好的多媒体课件或网络课程与相关资源、扩展信息发布到网络教学平台。学生则通过网络设备接入到网络学习平台，可按教学要求选择课程或针对自身特点进行学习，同时师生双方可通过平台的交流模块针对学习问题及时进行交流。

2. 教学管理

教学管理是学校正常教学秩序的保障，教学管理者通过一定的管理手段，使学生按照学校既定的培养方案进行学习，包括教学大纲、教学计划、教学运行、教学质量评估、学籍的异动审批以及学科、专业、教室、考场等管理。在确保正常教学秩序的前提下，同时对教师及学生在校期间开展的各类活动的辅助与监管。

3. 网络教学管理平台

网络教学平台是以互联网为基础的现代远程教育的支撑平台，为在网络上进行学习的学习者和教育者提供交流的平台，可以方便教育者进行授课、答疑、谈论以及作业的批注。它是支持共享和交互的平台，为学生学习质量提供了一定的保障，且符合统一的标准，它是现代网络教学必备的教学支撑平台。

网络教学管理平台建立在网络教学平台的基础上，教师可以在这个教学平台上开设教学课程，方便学习者自主选择要学习的课程并进行自主学习。不同学习者之间可以根据教学内容来进行交流互动，教学活动围绕着教师的教和学生的学来开展，方便教师和学生进行讨论和交流。它是支撑教学活动最重要的管理系统，为教师和学生提供了强大的施教和网上学习的环境。同时，将学校教务管理平台的内容进行融合，教师可以在平台上对学生的作业进行批注，可以编辑教学课件，可以在线对学生进行考试等。平台可根据教学的课程需要，定制个性化的学习工具。同时，学生也可以在这个平台上选修课程，安排学习计划，查看选修课程的内容，向教师提交作业，汇报协作学习的情况，等等。

（二）理论基础

1. 教育传播理论

教育传播理论是教学技术的重要理论基础，现代远程教育的教与学活动，是一种以教与学的异地分离为特征、以媒体传播信息为特点、以学习者的自主学习为主的获取知识量的新的学习形式。由教育者按照一定的教育目的和要求，选定教育内容，并借助媒体通道，将知识、技能及思想等传输到特定的教育对象的过程。著名学者拉斯韦尔认为，一次典型的传播包含了五个方面的内容：发送者、信息、渠道、接收站和效果。而我国教育技术学者也对教学过程中信息的传播进行了深入的研究，他们把教学传播过程分为六个阶段：确定信息、选择媒体、通道传送、接收解释、评价反馈和调整再传送。

教育传播理论六阶段的动态传播过程也为网络教学提供了有力的理论支撑，网络教学平台在教学信息传播过程中也需遵循以上六个阶段。尤其是评价反馈阶段，网络教学平台的互动性、便利性更加利于师生的相互交流，有利于教师及时反馈评价意见。

2. 人本主义理论

人本主义心理学主要体现在以培养"完整的人"或"自我实现"为目标，强调人的认知发展和情感、意志发展的统一；同时，罗杰斯认为人的学习倾向和内在潜力是天生的，保持学生的好奇心将会推动终身学习的发展。好奇心可以帮助学生解决学习中的困难，而且可以不断激发学生自主学习的潜力。从这个意义上说，网络教学管理平台的个性化学习有利于学生"自我"目标的实现，以兴趣为引导点，推动学生学习，提高学习效率与品质。

3. 混合学习理论

混合学习理论的主要特点是将现代教学与传统教学融合在一起，通过综合运用不同的教学手段来满足不同的教学需求。在传统的教学中，只要存在不同教学手段的结合，就可以称为混合式。例如，在课堂中播放录音、录像等。需要教师对"混合"的内涵有充分认识，才能在教学活动中有效地体现出混合式学习，并将混合式学习的思想融入教学活动之中。

网络教学平台的教学活动将传统学习与网络学习结合起来。根据学习者自身的特点和教学内容要求，针对实际的教学环境和教学条件来选择多种传递通道进行知识传输，不局限于任何一种教学方法、教学手段和教学设施，同时通过教师有效的引导和规划，学习者根据自己的能力进行自定步调的学习，以取得更好、更有效益的学习效果。

4. 绩效评价理论

绩效评价理论是指组织依照预先确定的量化指标及评价标准，运用科学的评价方法，对评价对象的工作能力、工作业绩进行定期和不定期的考核与评价。而在网络教学管理平台中，师生双方均可互相评价、互相监管。同时，引入第三方监管机制即教务部门对师生同时监管，既可以考核评价教师日常教学活动的开展、课件资源的上传、师生日常的交流情况，又能够对学生完成课程进度、日常考试、教师评议、学业完成情况进行考核评价，在一定程度上能够督促师生双方有序地进行教学活动，保证教学顺利开展。❶

第三节　高校体育教学模式的整体优化

一、体育教学模式整体优化的概念

体育教学模式的整体优化是指体育教师运用综合性观点，在分析和综合体育教学模式的基础上，通过优选体育教学模式和科学地组织体育教学，在

---

❶ 陈轩昂. 新时期高校体育教学的改革与发展 [M]. 北京：航空工业出版社，2019.

已有的物质基础条件下用最少的时间和精力获取最佳的体育教学效果。

二、体育教学模式整体优化的理论依据

（一）系统科学整体优化原理

按照系统科学理论的思想和观点，各事物、过程并不是各自孤立和杂乱无章的随意堆砌，而是一个由各个部分组成的、合乎规律的有机整体，而且它的整体功能要大于各部分功能之和。系统科学理论同时认为，任何系统只有通过要素和结构的优化，才能实现其整体功能的优化。根据系统科学原理和体育教学模式的概念特征，优化体育教学模式应优化理论要素、体育教学目标和教学内容，改造主客观因素，优化教学条件，改进教学组织形式与方法，优化教学过程结构、建立科学的课程标准评价体系等，才能实现体育教学整体功能的优化。

（二）巴班斯基教学优化理论

巴班斯基的教学优化理论，不是着眼于教学活动的各个变量和推演，而是着眼于教学过程整体最优的效果和效率。他给教学最优化下的定义是："教学最优化可以说是从解决教学任务的有效性和师生时间消费的合理性出发，有科学根据地选择和实施该条件下最好的教学方案。"他把教学最优化的理论和方法看作是科学组织教育活动中一般理论的一个要素。科学组织教育活动的一般理论认为按照科学理论依据来拟定教学目标，明确教学任务，创造必要条件，选择优化的方案，并随时进行调整、检查和考核。巴班斯基认为，如果不选择最优教学方案，是无法科学地组织教学活动的。选择整体优化的教学模式是教学优化的前提。巴班斯基强调，辩证唯物主义的系统方法是选择优化教育决策的方法论基础，在作出决定时，只有考虑系统各个成分之间的一切规律的联系，才有可能选择出优化的教学方案。巴班斯基教学过程最优化理论在教学论上被认为是"有助于教师最优地制定教学方案和组织教学过程以获得最佳效果"的一种教学理论。

三、体育教学模式整体优化的原则

（一）整体性原则

用整体的观点考察体育教学模式，有助于我们在教学实践中科学地把

握体育教学模式的结构和活动环节。将体育教学模式看作是一个系统，它由纵横两个轴向构成，纵向由学段、学年、学期、单元和课时等教学过程组成，横向由不同的体育教学模式组成。运用这种整体的观点才能更好地认识体育教学模式，才能对体育教学的大环境做一个具体的、整体的判断和分析。在此基础上才会实现全面优化的教学目标、教学内容、教学方法、教学手段、教学组织形式以及教学评价等。因此，在体育教学模式中必须整体而有序地考虑教学模式的构成要素及相互联系，力求使体育教学模式发挥最大程度的整体效益。

（二）关联性原则

用联系的观点分析体育教学模式的结构和功能，可以发现体育教学模式存在着多种多样的内在和外在联系。其中主要有因果联系、发展联系以及控制联系。因果联系是指体育教学模式中设计和操作与效果之间存在着一定的相互依存关系，因此，在体育教学模式实施中及其结束之后，要不断地分析和研究各种现象之间的因果联系，寻求体育教学模式中的某些因素之间存在的、本质的必然联系，并用这种联系达到体育教学效果最优化的目的。发展联系是指体育教学模式本身就是一个发展过程，而学生在教师影响下所产生的对掌握一定知识、技能、技巧的需求和满足这种需求的实际可能性之间的矛盾，是体育教学模式内部发展所固有的矛盾，这是推动体育教学模式不断向前发展的动力。因此，体育教学模式要充分发挥教师的主导作用，充分考虑学生的主体地位，精心选择教学内容、方法、形式和手段，以推动学生的身心发展。控制联系是指实施体育教学模式是一个控制和自我控制学习认识活动的过程，表现在教师对学生学习认识活动的计划、组织和检查工作方面，反映在体育教师教学的主导作用之上。对体育教学模式操作控制太严，会抑制学生学习的主动性、独立性、创造性以及学生自我控制能力的发挥；对体育教学模式控制太松，则会降低教师在教学中的主导作用，不利于学生主体地位的体现，影响学习效果。因此，把握合适的尺度，寻求教与学控制之间的优化结合点才是关键。

(三) 综合性原则

体育教学内容的执行和体育教学目标的实现只有建立在优选的体育教学模式之上方可完成，体育教学是一个复杂的系统，涉及的因素比较多，如教材的难度、场馆的设施、教师的亲和力、学生的基础、天气的变化以及环境的清洁等，而这些因素都有可能成为选择体育教学模式的关键点。所以，在体育教学模式制定中要以综合的观点处理这些问题，优选体育教学模式和方案，优化评价标准，综合考虑体育教学模式的优化问题。

四、体育教学模式整体优化的标准

（一）体育教学效果优化

体育教学效果优化表现在教学所要完成的任务或所要达到的预期目标方面。在体育教学中要根据体育教学目标、教学任务和要求，按照每个学生的体育基础和身体能力及特点，使每个学生都得到充分的发展。体育教学模式目标，在采用不同的体育教学模式时，虽然有不同的侧重点，但不外乎是运动参与目标、运动技能目标、身体健康目标、社会适应目标和心理健康目标。因此，无论是侧重哪一方面，只有全体学生都达到预期的任务或目标，才能算是效果最优化。

（二）体育教学效率优化

体育教学效率优化表现在达成教学任务或目标所需要的时间、精力和费用的合理性方面，它表明了教学投入和产出比例的合理性。不论采用哪一种教学模式，都必须讲求教学效率，只有省时、省力的体育教学才算是效率优化的体育教学。

五、体育教学模式整体优化的内容

（一）根据不同教学思想不断优化体育教学模式

体育教学思想是制定体育教学模式的灵魂，不同的体育教学思想赋予了具体教学模式以生命力，使教学模式有了明确的方向盘，并能时刻把握正确航线，最终完成它预期的目标。为了达成某种特定的教学思想，需要精选教材内容，但由于教学思想的多元化，教学内容的选用也具备了多样性、复杂性的特点。为使教学思想条理化、明确化，使之从整体上符合学校体育指导思想的大方向。根据教材内容的不同性质，可以把它分类为精细教学型内容（主要是指新大纲中规定的难度较大的必修教材、与终身体育相联系的选项教材等）、介绍型内容（主要指选修内容、尝试性内容、难度较小的内容等）。以上两种不同类型的教材所隐含的教学思想和要达到的教学目标存在一定差异。

（二）根据单元教学不同阶段优化体育教学模式

在精细教学类内容中，大纲规定了各个项目的学时，以确保各个运动项目单元教学任务的完成，并使学生能熟练掌握几项运动技能。因而"大单元教学"是一个非常重要的概念，它是指根据项目中的不同环节、重点主次安排不同的教学任务、教学步骤、教学方法，以确保各环节的衔接，并顺利完成完整动作的教学。由于在单元教学中，存在着掌握技能的不同阶段，因而在教学的不同课次、不同阶段应有主次之分，有了主次，在教学模式的选择上也就有了差别。

（三）根据不同外部教学条件优化体育教学模式

体育教学的条件分为两类：第一类是指一些固定的硬件，如不同地区、各种体育器材、设备场馆；第二类是指不固定的硬软件，如各地区、各学校的传统体育项目、教具、幻灯片、模型、多媒体等。优化的方法是指各硬件的不同组合形式，也即针对具体的教学目标、教学内容和传统体育项目，合理地选择多种体育场地和器材。同时，对场地进行合理的布置，并且运用多种教学辅助手段，如挂图、教具、幻灯片、模型、多媒体课件等来实现不同的教学目标。

由于体育教师运用体育教学手段和条件的能力有所不同，同一教学手段和教学条件，不同的人使用和组合，也会产生不同的效果。从教学模式角度来说，不同的体育教学模式，相应所选用的体育教学条件也有所不同。

但同一体育教学模式，由于选择的体育教学条件和组合形式不同，势必会产生迥异的效果。因而，体育教师应根据具体的体育教学目标、模式要求，有创造性地、合理地、科学地运用和组合体育教学条件，使其产生最佳的体育教学效果。

六、体育教学模式整体优化的策略

（一）优化体育教学目标，使之具有明确性

体育教学目标是体育教学过程的起点和归宿，是首先要解决的问题。因为在整个体育教学过程中，它对教学内容的组织、教学方法的实施、教学结构的建构和教学手段的运用起着指导和统领作用。体育教学目标的确定有一定的依据，它受到教育目的、学校教学目标、学科整体目标等因素的制约。确定体育教学目标时要明确、科学和可操作，各种目标之间要有鲜明的差异性和连贯性。体育教学目标的确定要有利于教学设计，有利于监控教学过程，有利于教学评价等。

（二）高校体育教学内容是教学目标的载体

体育教学内容是教师和学生直接接触的材料，学生是否对学习内容感兴趣会影响到体育教学目标的完成情况。因此，一定要精选体育教学内容，使之更加具有可学习性，受到学生的欢迎。为了优化教学模式，教师必须选择那些学生喜闻乐见、锻炼形式活跃的内容，也可以对竞技项目进行必要的改造，使之更加具有教材性。

（三）优化体育教学结构，使之具有合理性

课堂结构是体育教学模式的主要表现形式，课堂结构不仅是在规定的时间空间内教学活动的各个环节、步骤的具体安排，更是教学目标、教学内容和教学方法等的具体体现。课堂结构是一个复杂的系统，根据系统论整体大于各要素部分之和的观点，在优化体育教学课堂结构时不能只重视局部优化，而是要着眼于整体，使课堂教学结构的各个组成部分相互协调、彼此促进。

(四)优化体育教学方法,使之具有实效性

体育教学方法是指在体育教学过程中,教师和学生为了实现体育课堂教学目标所采取的行为方式的总称,其包括教师在课堂教学过程中的行为活动方式,以及学生在教师指导下学习体育知识和技能的行为方式。优化体育教学方法要使方法的选择适应教学内容、适应学生的基础水平,使学生在尽量短的时间内掌握较多的知识和技能,并受到全面的思想道德教育,得到全面发展。体育教学方法的选用要做到科学合理、高效突出、力求创新。

(五)优化体育教学评价,使之具有激励性

体育教学评价是体育教学模式中十分重要的一个环节,是指运用科学的手段,依据教学目标,对教学活动进行全面的、全方位的定量或定性的分析,做出客观公正、准确的价值判断。优化体育教学评价要注意评价的全面性、民主性和发展性,最重要的是要突出评价的激励作用,使评价成为学生学习的动力。❶

第四节 高校体育教学模式的创新改革

一、目前高校体育教学模式存在的问题

(一)教学理念较为落后

我国高校体育教学依然保持着传统教学的特点,发展至今并没有改变多少。在日常的高校体育教学中,教学方式较为单一,授课方式比较传统,主要是教师讲课、学生被动地接受知识,教师首先做一些示范,然后由学

---

❶ 陈轩昂. 新时期高校体育教学的改革与发展 [M]. 北京:航空工业出版社,2019.

生进行模范练习。这种方式已经严重阻碍了新课程理念下教学模式的创新，我们要改进教学方式，注重教学方式的多元化，努力适应新形势下高校体育的教学理念，力求高校体育教学取得创新性效果。

（二）教学内容深度不够

众所周知，如果教学内容只是浮于表面，只做表面文章，那么教学内容就无法得到深入。目前很多体育教材存在只注重表面技术的问题，只注重大容量，而忽视了教材内容的深度。一些体育教材只是简单介绍体育运动的形式，而不能充分体现体育精神、民族精神，不注重培养学生终身体育的意识。教材内容的深度不够，就无法使学生达到学习体育的真正目的，也就很难培养学生的创新精神。

二、高校体育教学模式创新改革策略

（一）明确主要教学目标，突破传统思想的束缚

我们都知道，在学习的过程中我们只有确定明确的目标，才能向着目标努力前行。同样，教师在教学过程中也必须树立明确的教学目标，抓住教学难点和重点，注重教学技巧。教师在向目标前进的过程中一定要冲破传统教学思想的束缚，摒弃一些旧的教学理念，大胆创新教学理念，勇于创新教学模式，将现代化元素引入课堂，使体育课堂集娱乐、健身等于一体，遵循学生的发展个性，使学生在轻松愉快的氛围中取得进步。教师的教学目标不仅仅是培养学生的运动技巧和专业知识，更重要的是培养学生终身体育的意识，提高学生的体育能力，帮助学生增强体质，提高学生的综合素质，推动高校体育教学向着积极的方向发展。

（二）注重体育课程结构，不断进行结构优化

对我国高校体育教学进行研究，我们不难发现，其教学内容大同小异，几乎千篇一律。各个高校大多按照统一的教育计划来制定教学目标，其教学目标也十分相似，此种方式的教学，严重束缚了学生创新精神的培养。而通过对国外体育教学的分析，我们可以发现很大的差距。例如，美国大

学教育部门就没有制订统一的体育教学计划，而是给予各个高校高度的自由性，让各高校根据自身情况，来制定各自的教学目标。调整各自的教学内容，利用自身的优势来培养学生的创新意识，提高学生主动参与体育活动的积极性。因此，我们不难看出，要想实现高校体育教学的创新，必须实现高校体育课程结构的优化，在课程结构优化的过程中，我们要注重信息知识和技能技巧的创新。同时，也要将素质教育创新作为核心内容，努力做到使学生在提高自身身体素质的同时，提高自身的综合素质，促进学生的全面发展。

（三）注重教师素质水平，提升教师基本素质

要想实现高校体育教学的创新，在注重课程优化和教学目标制定的基础上，提升教师的业务水平也非常重要。因此，相关部门和领导要注重师资队伍的建设，要大力引入具有创新性思维、授课方式较为个性的教师，鼓励教师积极参与体育教学科研项目，培养教师的科研精神。在科研过程中激发教师的创新能力，这样教师才能更好地在教学过程中培养学生的创新思维，实现高校体育教学模式的改革与创新。

（四）更新教育教学观念，不断树立创新意识

开展创新教育，不仅需要一定数量的教师，而且需要素质过硬的创造型教师。也就是说，没有一支具有良好素质的教师队伍，创新教育就不可能顺利进行。具有创造精神的教师，能够利用一切机会和条件激发学生的创造欲望，满足学生的心理需要，并能够不失时机、随时随地进行创新素质培养。

现代心理学对创造心理的研究表明，创造力可以表现在人类的各种社会实践活动中，诸如身体运动、语言等方面，有创造力的人都可以有出色的发展和表现。因此，要真正承认学生有创造力，就要去发现学生的创造力，认识学生的创造力。传统教育观念以传授知识为核心，以培养熟练掌握书本知识的人才为目标，因此必然导致学生以教师、课堂、书本为中心，这不利于对学生创造心理素质的培养。现代教育观以培养创新能力为目标，

倡导以学生为主,积极引导学生勇于探索、积极思考,直至领悟知识的形成和发展规律,并在探究中培养学生的创新能力。以实践操作为主要手段的体育教学,要做到体育知识与运动实践的有机结合,教师应科学地设计教法,合理地选择学法,设计学生参与学和练的整个过程,努力创设贴近学生生活实际、适应社会需求的体育锻炼环境和运动训练项目,重应用、重实践,在应用和实践中培养学生的创新意识、创新精神和实践能力。❶

---

❶ 陈轩昂. 新时期高校体育教学的改革与发展 [M]. 北京:航空工业出版社,2019.

第五章

现代高校体育教学信息化理论与建设

随着现代信息技术的不断发展，人们已经成功跨进"互联网+大数据"时代，教育信息化也逐渐开始兴盛。传统高校体育教学管理模式下培养出来的优秀人才，已经无法满足当今社会的需求。所以，只有将信息化技术合理融合到现代高校体育教学中，不断提高高校体育教学的品质与质量，才能够适应现代社会的发展需求。

第一节 信息化教学基本理论研究

一、信息化教学概述

（一）信息化教学的基本理论

信息化教学的基本理念就是"以学生为本""以人为本"的理念，主要体现在以下几个方面。

1. 对学生主体地位加以强调

在现代教学中，学生是个性丰富的、鲜活的、具体而不断发展的认识主体，是独立的群体和个体，具有很强的主观能动性。在教学过程中，学生的主体性主要从主动性、自主性和创造性方面表现出来。

2. 从强调积累知识和训练技能转变为学生主动建构

根据建构主义的学习理论可知，知识是学习者在一定的社会文化背景下，借助他人（包括学习伙伴和教师）的帮助，通过对相关学习资料的充分利用，以意义建构的方式获得的。这些年来，学习者已经从过去对知识进行被动接受转变为了对知识进行主动建构的局面。

3. 从接受式学习转变为探究、自主、合作式的学习

在课程实施方面，新课程改革明确指出要改变过去过于强调死记硬背、接受学习、机械训练的状况，鼓励学生乐于探究、主动参与、勤于动手，对学生在信息收集和处理方面的能力、学习新知识的能力、对问题进行分析和解决的能力以及合作与交流的能力进行培养。

这就要求教师改变过去的教学方式，采用信息化教学的方式来对学生的探究学习能力、自主学习能力和合作学习能力进行培养。此外，还应从诸多方面来对学生的合作学习、主动探究的意识进行培养，让学生意识到只有积极主动地学习才能够适应信息化社会的要求。

4. 对活动的重要性进行强调

过去传统的教学活动主要是侧重于知识的"授—受"活动。而现代教学活动的主要观念则是要求在教学中，对活动的多样性和重要性有一个充分认识，教师要给学生设计一些具有多种性质的活动，在活动中参与各种形式的学习，使学生的自觉性和主动性都能够在活动中得以充分发挥，对学生的创新精神、创新意识、创新能力进行培养，以更好地促进学生能力、知识和个性的全面发展。

5. 强调学生自身主观能动性

在具体的教学过程中，体育教学要使学生的探究激情和学习兴趣得以激发出来，对学生的个性和特长予以充分尊重，促使学生积极参与学习，使学生的潜能得到最大限度的发挥。通过采用多媒体技术，教师可以使学生的学习兴趣得到很好的激发，同时采用多样化的教学方式来促使学生能够更加主动积极地对知识进行自主探究。

6. 强调师生积极主动地互动

师生之间进行多样化的交流，能够缩短师生的心理距离，增强学生的学习兴趣，使学生能在学习的过程中进行生活经验的共享，能够对自身的知识结构进行完善，促进学生的社会性学习，发展学生的社会性素质。

对于教师来说，通过进行师生之间的相互交流，教师可以暂时放下权

威，与学生进行平等的交往，这样能够帮助教师和学生进行相互学习，共同提高。[1]

（二）信息化教学的要素

在传统教学理论研究方面，常常会将教师、学生、教学内容三者看作整个教学系统的主要构成要素，又被称为教学系统"三要素"。其结构如图 5-1 所示。

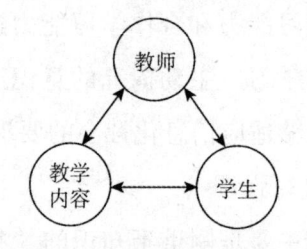

图 5-1　教学系统"三要素"

随着现代信息技术的快速发展，在现代教育教学活动中，媒体的作用越来越突出。正是由于媒体要素的介入，才使教学内容在传递方式和表达形式方面发生了很大变化，使教学方式产生了革命性的改变。在信息化教学系统中，媒体成为了重要的构成要素。

在信息化教学系统中，教师、学生、教学内容和媒体是四个核心要素。在一定的教学环境当中，这四个要素相互作用，进而产生一定的教学效果，四个要素之间的关系如图 5-2 所示。

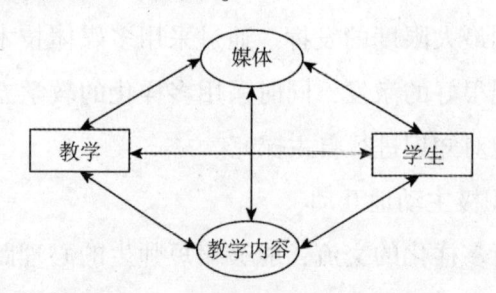

图 5-2　四大核心要素的主要关系图

---

[1] 马腾，孔凌鹤. 现代体育教学改革与信息化发展研究 [M]. 北京：中国商业出版社，2018.

1. 媒体

信息化教学过程中所说的媒体主要是指现代的教学媒体，现代教学媒体利用现代科学技术成果发展起来，并被运用到教学领域的电子传播媒体，主要有录音、投影、幻灯片、电视、录像、计算机等教学媒体以及这些教学媒体相互组合而成的教学媒体系统，如微格教学训练系统、视听阅览室、闭路电视系统、语言实验室、校园计算机网络系统、计算机网络教室、多媒体综合教室等。

2. 教师

随着现代信息技术的发展以及在教学中现代教学媒体的应用，教师所扮演的角色也发生了很大变化，同时也面临着新的挑战，这就要求教师在信息化教学环境中具有相应的开展教学的能力。

（1）掌握现代教学理念

信息化教学中的教师要明确现代教学理念，掌握信息化教学的基本理论和方法，以便更好地改善教学、提高教学效率。

（2）具备信息化教学能力

信息化教学能力是指教师在现代教学理念的指导下，利用现代信息技术和丰富的教育资源，运用多种信息化教学方法开展教学活动、解决教学问题、优化教学过程的能力。它是教师在信息化教学中所必须具备的重要能力之一，也是教师对信息技术加以有效利用开展教学的能力。

信息化教学能力主要包括良好的信息素养和信息化教学设计能力。

教师的信息素养主要包括信息意识、信息知识、信息能力和信息道德。

①教师要具有敏锐的信息意识，能够正确理解"信息""教育信息化""信息社会"等的概念及内涵，这样才能更好地开展信息化教学。

②教师应具有一定的信息知识，了解与信息技术、信息化教学相关的知识、方法及理论。

③教师要具有相应的信息能力，也就是说，应具备对信息技术进行利用来开展教学的能力。

④教师要具有良好的信息道德和一定的信息安全意识。

教师应当明确信息化教学设计的内涵，知道信息化教学设计的特点，理解信息化教学设计的原则，掌握信息化教学设计的方法。

在信息化教学过程中，教师是教学内容的设计者，是学习活动的组织者和参与者，是学生学习的指导者。教师既是学生的导师，同时还可以成为学生学习生活中的朋友、同伴等。

3. 学习者

信息技术在教学中的应用，为学习者的学习提供了很多便利，同时也对学习者提出了更高要求。

(1) 学习方式多样化

信息技术的出现，使学习者的学习行为和学习方式发生了改变，学习者既能够通过课堂来接受教师的指导，还能够通过现代教育媒体来获得更多的教学资源。在现代教学媒体和信息技术的支持下，学习者的学习方式从过去的被动接受转变为合作学习、自主学习、探究学习等信息化学习方式。

(2) 较高的信息素养

在信息化教学中，学习者应具备较高的信息素养，能够从大量的信息资源中找寻所需的信息，并对信息进行加工、整理、保存；能够使用常用的软件进行学习，并与他人交流；学会有效地反省、评价和监督自己的学习过程。

(3) 集多种能力于一身

在信息时代，学习者应具有自主学习能力，这主要包括以下几点。

①对学习内容进行确定的能力。

②获取相关资料和信息的能力。

③对相关资料和信息进行利用与评价的能力。

此外，学习者还应学会与他人共事，具备合作与协作的能力，同时还要具有创新精神及创造能力。

4. 教学内容

现代信息技术的出现和现代教育媒体在教学中的应用，使教学内容具有了新的特征，主要表现在以下几个方面。

（1）表现形态多媒体化

可以用文本、图表、声音、动画、视频以及模拟三维景象等形式来呈现教学内容，利用多媒体方式呈现的教学内容能够将抽象的知识形象生动地表现出来，使学习者更好地掌握知识，从而提高教学效率。

（2）处理数字化

将文本、声音、图像、动画、视频等教学内容信息由模拟信号转换成数字信号，其可靠性更高，更容易存储与传播。

（3）传输网络化

信息化的教学内容可以通过网络实现远距离传输，学习者可以在任何一台能够上网的计算机上获取自己所需的信息。

（4）超媒体线性组织

信息化教学内容采用超媒体技术构建，支持文本、音频、视频、图形、图像、动画等多媒体信息，并采用网状结构非线性地组织、管理信息的超文本方式，对教学信息进行有效的组织，适合人脑的认知思维方式，也有利于有效地组织教学信息，促进知识的迁移。

（5）综合化

信息化社会知识呈现出高度的综合化特征，信息时代需要具备各方面知识的"全才"。在信息化社会中，学生学习的内容已不仅仅局限于某一门独立的学科，特别是随着网络时代的到来，学生的学习及生活中出现了许多新课题，这些课题不是仅靠某一门或几门学科的知识就能够完成的，而是需要学生把所有学科的知识整合起来，并运用到学习之中，才能够很好地解决问题。这与信息化社会要求人才具有多方面知识这一特征是紧密联系的。

信息化教学系统的四要素之间存在着错综复杂的关系，各个要素之间不同的结合方式会产生不同类型的教学系统。

(三) 信息化教学与传统教学的差异

1. 教学手段的差异性

在教学手段方面,传统教学手段与信息化教学手段存在显著的差异,如表 5-1 所示。

表 5-1 传统教学手段与信息化教学手段的差异

项目	传统教学手段	信息化教学手段
媒体特征	传统媒体	多媒体
讲授方式	灌输式的讲授	交叉式指导
表现形式	单一化	多样化
信息传递	单向传递	双向、多向传递

2. 教学资源的差异性

在教学资源方面,传统教学资源与信息化教学资源的差异,如表 5-2 所示。

表 5-2 传统教学资源与信息化教学资源的差异

项目	传统教学资源	信息化教学资源
教学环境	以教室为主,以课堂教学为主要教学形式	以信息技术的应用为特征,多样化的教学环境和教学形式
支持系统	教师和同伴对学习者的指导与帮助	现代媒体和学习工具对教与学过程的参与,网络信息对学习内容的补充
教学资料	书本、教科书、挂图、教学器具、课件、教学电视等	数字化素材、教学软件、补充材料等

3. 教学模式的差异性

在教学模式方面,传统教学模式与信息化教学模式的差异,如表 5-3 所示。

表 5-3　传统教学模式和信息化教学模式的差异

项目	传统教学模式	信息化教学模式
学生的地位	被动接受知识	主动建构知识
教师的地位	知识的灌输者	学习的指导者、帮助者
教学内容的主要来源	课本、教材	课本、教材、网络资源
媒体的作用	教师向学生传授知识的工具	教师"教"的工具、学生"学"的工具以及交互工具

二、多媒体教学软件的开发

（一）多媒体教学软件的概念

所谓多媒体教学软件是指根据课堂教学大纲具体培养目标的要求，采用多媒体与超文本结构，如文本、图像、动画、视频、音频等对教学内容进行展示，同时采用计算机技术进行记录、储存和运行的一种教学软件。

（二）多媒体教学软件的类型

多媒体课件根据内容与作用的不同可分为个别指导型、练习测试型、模拟型、游戏型、问题解决型、资料型和演示型等。

1. 个别指导型

个别指导型课件，其主要完成的是对学生进行个别化学习的辅导。根据相应的教学要求和教学目标，将一定的学习内容呈现给学习者，在学习者做出应答之后，计算机做出相应的诊断和评判。如果回答错误，会进行适当的补充学习；如果回答正确，则进入下一步内容的学习。

2. 练习测试型

练习测试型课件以复习巩固为目的，通常也把它称为题库式课件。它是以选择题（单项或多项）、填空题、是非题为主，采用提问式、应答式或者反馈式等形式，先由计算机提出问题，学生自主回答，然后计算机加以判断，并及时反馈结果。

3. 模拟型

模拟型课件是通过计算机软件、硬件以及相应的外部设备，把那些在一般条件下不易实现的实验操作、技能训练等内容进行模拟、仿真，以期达到学习目的的方式。

4. 游戏型

游戏型课件集教育性、科学性和趣味性为一体，以游戏的方式来安排的教学内容。其具体要求是把知识的获取作为游戏闯关的结果并建立相应的激励措施，且这种激励措施应积极向上、有趣、健康，并注意知识的科学性、教育性和完整性。

5. 问题解决型

问题解决型课件的主要思想是让学习者通过解决问题去学习，以实现既定的教学目标。其主要是用来对学习者问题分析和问题解决的能力进行培养。

6. 资料型

资料型课件的本质是一种教学信息库，包括各种电子字典、电子工具书、图形库、动画库、语音库等。其主要是为学习者或课堂教学提供学习信息资源，通常用于学生课外查阅和在课堂上进行辅助教学。

7. 演示型

演示型课件的主要目的是在课堂教学中辅助教师的讲授活动。其特点是注重对学生的启发、提示及反映问题解决的全过程，主要用于课堂演示教学。

（三）多媒体教学软件的开发步骤

对高质量课件的开发是一个非常复杂的系统工程，需要整个开发小组中的全体成员通力合作，这就要求对开发过程的各个任务和步骤进行具体的规定，以便为行动提供指导。通常来说，多媒体课件的开发包括环境分析、教学设计、脚本设计、软件编写、评价与修改等最为基本的阶段，多媒体课件的开发步骤如图5-3所示。

```
          ┌──→ 环境分析
          ├──→ 教学设计
          ├──→ 脚本设计
          ├──→ 软件编写
          ├──→ 评价与修改
          └──→ 使用、发行
```

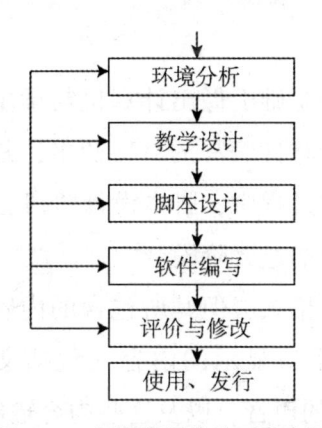

图 5-3　多媒体课件的开发步骤

1. 环境分析

多媒体课件的环境分析主要包括课件目标分析、课件使用对象分析和开发成本估算等任务。

课件目标分析除了要包含学科领域和教学内容的范围外，还要对教学提出相应的具体要求。

课件使用对象分析主要涉及以下三个方面。

第一，学习者的一般特点，包括性别、年龄、文化背景、学习动机、文化程度、工作经历等。

第二，对于学习内容、学习者的态度以及所具备的相应基础技能和基础知识。

第三，学生者所具有的计算机技能。开发多媒体课件的成本估算通常也是不可缺少的。开发的总费用一般包括开发组成员的劳务费用，各种参考资料费，磁盘、打印纸等各类消耗材料费以及软件维护费等。

2. 教学设计

教学设计是课件开发过程中最能体现教师教学经验和教师个性的部分，也是教学思想最直接、最具体的表现。该阶段的主要任务包括详细分析教学内容、划分教学单元、选择适当的教学模式等。

3. 脚本设计

脚本是在教学设计的基础上做出计算机与学生交互过程方案设计的详细报告，是下一阶段进行软件编写的直接蓝本，是课件设计与实现的重要依据。因此，在课件开发过程中，脚本设计阶段也是从面向教学策略的设计到面向计算机软件实现的过渡阶段。

脚本的描述并无规定格式，但其所包含的内容是基本一致的，即在脚本中应注明计算机屏幕上应显示的内容（包括文字、动画、图像和影像等）、音响系统中所发出的声音，以及这些内容输出的具体方式与顺序。

通过编写课件脚本，能够将作者的设计思想很好地体现出来，从而为软件的制作提供相应依据。

4. 软件编写

该阶段的任务是将教学设计阶段所确定的教学策略以及脚本设计阶段所得出的制作脚本，用某种计算机语言或多媒体软件工具加以实现。

为了提高效率，应该尽量收集、利用现有的多媒体素材，并根据课件内容需要进行编辑加工。在多媒体素材采集、编辑完成后，就可以用多媒体创作（编辑）工具进行集成了。各种常见的多媒体创作工具，主要的用武之地就是它们与多媒体硬件和其他各类媒体的编辑工具一起构成的多媒体制作环境。

课件程序编写完成后应当进行仔细的调试，调试的目的是找出程序中所隐含的各种可能错误并加以排除，其中包括教学内容上和计算机程序编写上的各种错误。

5. 评价与修改

在课件开发过程中，课件评价与修改是一项重要内容，其实际上在整个课件开发的各个阶段中都会存在。

由于多媒体课件类型、应用对象的多样性，目前国内外评价多媒体课件质量的指标体系不尽相同，但是其基本内容还是比较一致的，主要是对其教育性、科学性、技术性、艺术性和实用性等要素的评价。具体评价指标如表5-4所示。

表 5-4　多媒体课件评价表

评价项目	评价标准	权重	评价等级			
			优	良	中	差
			4	3	2	1
教育性 (40分)	选题恰当，符合课程标准要求及学生实际	3				
	突出重点，突破难点，深入浅出，易于接受	3.5				
	以学生为主体，促进思维，培养能力	2.25				
	作业和练习典型，分量适当，有创意	1.25				
科学性 (20分)	内容正确，逻辑严密，层次清楚	2.5				
	模拟仿真形象，举例恰当、准确、真实	1.25				
	场景设置、素材选取、名词术语、操作示范符合有关规定	1.25				
技术性 (20分)	图像、动画、声音、文字设计合理	1.25				
	画面清晰，动画连续，色彩逼真，文字醒目	1.25				
	声音清晰，音量适当，快慢适度	1.25				
	交互设计合理，智能性好	1.25				
艺术性 (10分)	媒体多样，选用适当，创意新颖，构思巧妙，节奏合理	1.5				
	画面悦目，声音悦耳	1				
使用性 (10分)	界面友好，操作简单、灵活	1.25				
	容错能力强，文档齐备	1.25				
总分						

三、信息化教学模式与应用

(一) 协作型信息化教学模式与应用

1. 协作学习的概念

协作学习是指学习者以小组的形式在一定的激励机制下，通过协同互助的方式，为完成共同任务而开展的学习活动，又被称为合作学习。小组活动是协作学习的主体，强调小组成员的协同互助、强调目标导向功能、强调以总体成绩作为激励。

2. 计算机支持的协作学习系统

（1）基本要素

计算机支持的协作学习系统的主要构成要素包括协作小组、成员、辅导教师、协作学习环境等。

（2）计算机支持的协作学习系统设计

计算机支持的协作学习系统的设计主要包括确立学习主题、准备学习资源、组织小组成员、管理和评价学习过程、设计交互工具、设计合作方式。

（3）计算机支持的协作学习过程模型

通常来说，学习者协作学习过程可以分为分组、进行学习、最后评价三个主要阶段。

在三个阶段的基础上，结合计算机支持协作学习的特征，从学习者的角度出发，提出一个计算机支持的协作学习系统过程模型，如图5-4所示。可以将这一学习系统大致分为学习者特征分析、分组、学习过程和总结评价四个阶段。

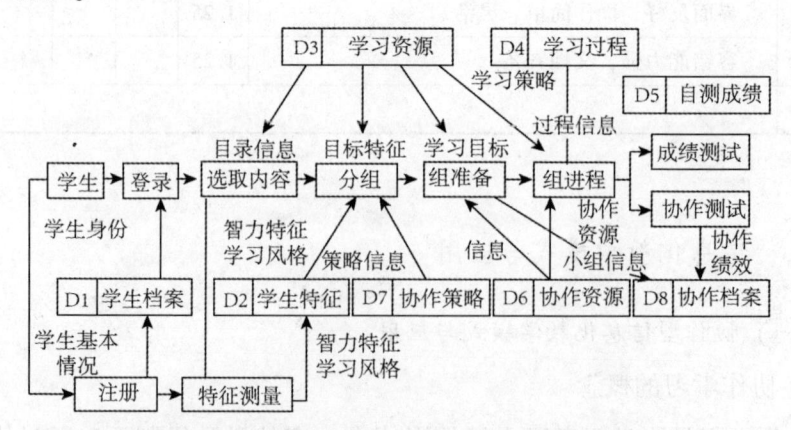

图 5-4　计算机支持的协作学习系统过程模型图

3. 协作型信息化教学的设计步骤

（1）明确学习目标

在学习过程中，学习者预期达到的学习标准和学习结果，即为学习目标。在开始教学前，教师将学习目标告知学习者，使学习者能够对自己应该学会什么、要达到什么样的程度加以明确。实践证明，有明确的学习目标比没有目标对学生学习活动的安排、学业成绩的提高都会产生更为积极的影响。

（2）组合学习成员

要在对"组间同质，组内异质，优势互补"的原则予以遵循的基础上，全面地了解学生的具体情况，然后根据学生的学习状况、能力倾向、个性特长等方面加以"同质"分类，然后进行异质组合，使他们组成一个合作学习小组。

（3）进行协作学习

在此过程中，学生之间为了达到小组学习目标，个体之间可以采用对话、商讨、争论等形式对问题进行充分论证，以期获得达到学习目标的最佳途径。

（4）总结性的评价

待协作学习结束后，可以通过组内评价、组间评价或者教师评价等方式对各小组的学习结果做出最终评定。

通过协作学习，可以更好地使学生的个体思维能力得到发展，增强学生个体相互之间的沟通能力以及包容个体差异的能力。此外，通过协作学习还能够促进学生的学习成绩的提高，使学生形成创新思维和批判思维，使学生形成乐观对待学习内容的态度，提高小组个体之间及其与社会成员之间的交流沟通能力，处理好自尊心和个体间相互尊重的关系，等等。

4. 协作型信息化教学模式应用案例

案例：制作班级电子报刊

（1）协作学习任务设计

为了锻炼学生文章的写作能力和初步设计报刊专版的能力，计划以班级为单位推出一期电子报刊,包括时事新闻、体育、音乐、电影、旅游等内容。

①每个小组选择一个共同感兴趣的主题,每个学生完成至少一篇与主题相关的文章,文章内容包括介绍、感想或评论等部分。

②每个协作组必须要设计出一个主题的专版,专版至少应有协作组成员每人完成的一篇文章。

③专版的设计成品至少有以下六个特征:艺术字、标题、图案、花边、广告、正文字体变化。

(2) 组建学习小组

学习者特征分析:学生已经掌握了一些基本的写作技能,掌握一些计算机基本操作技能,并且熟悉文字处理软件 Word 的基本使用方法,但对各项功能的综合使用能力则需要锻炼及加强。

组建协作小组:每组人数为 6 人,采取组内异质、组间同质的分组原则,完成表 5-5。

表 5-5 小组通讯录

小组通讯录			
小组名称:			
小组长:			
成员联系方式:			
姓名	兴趣、爱好	电子邮件	MSN/QQ
小组格言			

（3）协作学习活动设计

协作写稿阶段：每个小组成员承担主题中一篇稿件的撰写工作；同时，设立监督者 1 名和鼓励者 1 名，可轮流担任。

总设计阶段：总编 1 名、审稿 2 名、编辑 2 名、美工 1 名、版面设计 1 名，根据小组成员的人数，承担 1 项或 2 项任务，完成如表 5-6 所示任务。

表 5-6　任务书

姓名	分工	具体任务	完成时间

总编负责专版设计全局的进程掌控，集体讨论时间、地点由总编最后确定。设计阶段新获得的信息先传送给总编，再由总编将信息发送给相关人员或协作团体体完成，如表 5-7 所示。

表 5-7　任务进度表

阶段	完成的任务	负责人	完成时间
1			
2			
3			
4			
5			

续表

阶段	完成的任务	负责人	完成时间
6			

(4) 协作学习环境设计

提供计算机网络的学习环境,小组成员可以在环境的支持下共同面对同一主题。通过面对面、E-mail 或 QQ 传递和共享信息,小组成员之间可以相互发送建议、学习资料、行动通告、关于合作伙伴行动的评论等。成员在互惠互利的教学模式及学习方式下,每个成员都有可能成为其他学习伙伴解决问题的指导者。

(5) 协作学习资源设计

教师需要为学生设计并提供一定的信息资源,如相关主题的网站,以提高协作学习的效率。

(6) 学习成果汇报

各组小组长依据学习结果进行汇总、汇报。

(7) 学习评价

把学习过程评价与学习结果评价相结合,把对协作小组的集体评价与对小组成员的个人评价相结合,在此基础上侧重于过程评价和小组集体的评价。

教师需要对评价过程进行控制并及时总结各组的优缺点。

案例剖析:

首先,在整个学习过程中,学习者之间分工明确,以融洽的关系、相互合作的态度,对同一问题运用多种不同观点进行观察、比较、分析与综合。

其次,教师在整个教学过程中起着组织、帮助、协调、引导、总结评价的作用。

最后,学习者共享学习资源,共同担负学习责任,共同享受成功的喜悦。

(二)基于电子学档的信息化教学模式

1. 电子学档的特点

电子学档主要包括以下六个特点。

①数字化的表达形式。

②自主性创造活动。

③创新性思维构思。

④开放性传播。

⑤自激励与他激励。

⑥过程性评估。

2. 电子学档教学模式

(1) 以"为学生学习提供支持和保证"作为标准

教学档案袋应包括以下内容。

①教学计划。

②课本、文献或其他所用资源的书目提要。

③与教学有关的课堂生活的照片。

④教师开发的教学材料。

⑤展示他们感兴趣的学生作业。

(2) 以"创设并保持有效的学生学习环境"作为标准

教学档案袋应包括以下内容。

①纪律和管理计划。

②课堂环境的照片。

③教学规则或程序的计划。

(3) 以"理解并组织学科教学"作为标准

教学档案袋应包括以下内容。

①长期的课程计划。

②在职工作或参加教育学知识培训课程的文件记录。

③记录学科知识或课程整合的课程计划。

(4) 以"为每位学生制订教学计划并设计学习体验"作为标准

教学档案袋应包括以下内容。

①教学目标。

②教学计划。

③教学计划的调整。

(5) 以"评定学生的学习"作为标准

教学档案袋应包括以下内容。

①列出所用的评定方法。

②反馈给学生的评定结果的样本。

③学生作业样本。

④学生作业的三维立体照片。

(6) 以"发展成为专业教育者"作为标准

教学档案袋应包括以下内容。

①根据社区实际选择教学内容的计划。

②与家长交流书面材料。

③集体教学情况的记载。

通常来说,任何一个档案,包括传统档案、电子档案在内,都应包括以下七个方面元素。

①学习目标。

②材料选择的原则和量规。

③教师和学生共同选择的作品范例。

④教师反馈与指导。

⑤学生自我反省。

⑥清晰合适的作品评价标准。

⑦标准和范例。

"计算机基础"学科的电子档案的内容,如图5-5所示。

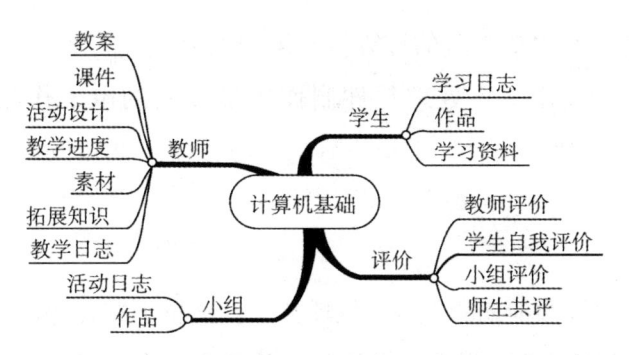

图 5-5 "计算机基础"学科的电子档案的内容

对于不同的学科和内容，电子学档的框架和内容也是不同的，在设计时不能完全按照某一专家或学者的观点进行设计，需要依据学科的特性适当地调整电子学档的框架及其内容。

3. 基于电子学档的信息化教学模式应用案例

案例：我的校园

在"计算机基础"课程中，利用 Word 的图文混排建立的电子学档文件夹，如图 5-6 所示。

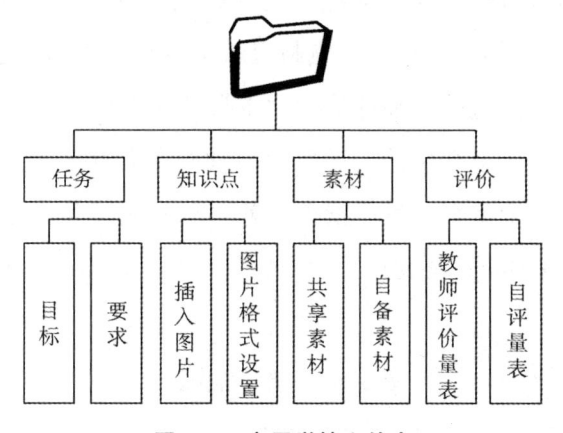

图 5-6 电子学档文件夹

教学目标：

第一，认识、理解图文并茂和图文混排。

第二，建立、培养利用收集信息的意识和良好的信息素养。

第三，增进对以前学过的计算机知识的理解。

第四，学会利用文字处理软件制作质量较高的电子作品，熟练掌握 Word 图文混排的基本方法，养成良好的学习习惯，把知识与操作技能结合起来，较好地展现主题内容。

教学过程：

首先，学生按照前期的任务，从任务文件夹里下载任务和作品要求、素材、自评表。然后在网上收集相关资料，并着手制作电子作品。同学们也可以利用课外阅读时间收集来的资料，但要求学生注明出处及相关的作者。

其次，修改与完善电子作品，并根据教师提供的评价量表进行自我评价。同时，将各自的电子作品提交到指定的文件夹中，通过校园网络进行作品的浏览和作品的互评。将这些内容制作成 Word 文档，同自评和互评一并提交到公共文件夹中。

在这个文件夹里，我们设计了任务、知识点、素材和评价，其中任务文件夹里的子文件夹有目标文件夹和要求文件夹，目标文件夹说明完成此任务后实现的学习目标，要求文件夹说明完成此任务的要求。知识点文件夹包括 Word 图文混排的知识点，素材有教师收集的素材，也可以有学生自己收集的素材。评价包括教师评价和学生自评量表。

此文件夹是提供给学生的，学生可以通过文件传输软件下载需要的学习任务、素材和评价量表，然后根据任务要求完成任务，最后进行自评。

本知识点的评价量表设计了教师评价和学生自评量表，如表 5-8、表 5-9 所示。

表 5-8 教师评价量表

指标	权重	表现标准	
内容组织	4	能做到内容紧扣主题，组织合理清晰，呈现方法多样	
	3	能做到内容和主题相符，组织清晰有条理	
	2	能做到内容和主题基本相符，组织比较有条理	
	1	内容和主题不符，组织散乱	

续表

指标	权重	表现标准	
技术运用	4	能灵活、有创意地使用技术来增强展示效果	
	3	能运用一般技术来突出主题及所表达的内容，达到展示效果	
	2	能用一般技术支持所表达的内容，但有些技术的使用不恰当	
	1	不会使用技术，或滥用技术导致影响了主题和所表达的内容	
学习管理	4	能按照计划合理安排时间，资料分类合理，查找方便快捷，工作日志记录完整	
	3	能按计划安排时间，资料分类保存，能查找，工作日志按时记录	
	2	能安排时间，资料能保存，但不宜查找，有工作日志，但不完整	
	1	资料不全，工作日志很少或没有	
信息道德	4	能在发现不良网站和信息时及时关闭并报告，不发表不良信息，并劝阻同伴的不良行为	
	3	能发现不良网站和信息及时关闭，不发表不良信息	
	2	能不浏览和不发表不良信息，但有时会有好奇心	
	1	经常浏览不良网站或发表、保存不良信息	

表 5-9　学生自评量表

指标	权重	表现标准	
内容组织	4	能做到内容紧扣主题，组织合理清晰，呈现方法多样	
	3	能做到内容和主题相符，组织清晰有条理	
	2	能做到内容和主题基本相符，组织比较有条理	
	1	内容和主题不符，组织散乱	
探究精神	4	有强烈的求知欲，不断提出许多与任务相关的问题，并努力寻找答案	
	3	能够提出与主题相关的问题，希望找到答案	
	2	能提出问题，但有时会偏离主题或不能做进一步的思考	
	1	很少或从不提出问题	

续表

指标	权重	表现标准	
自主学习	4	能在遇到问题时独立寻找解决的办法，遇到困难不轻易放弃	
	3	能在遇到问题时自己进行探究或与同伴讨论寻求解决的途径	
	2	能对遇到的问题进行一些探索，但缺乏毅力，喜欢依赖同伴	
	1	遇到问题总是放弃，依靠别人代为解决	
归纳总结	4	能通过分类、整理来发现问题的关键特征，从相互联系中寻找规律，并得出有关的结论	
	3	能找出问题的主要特征，也能总结出某些结论	
	2	能找出问题的特征，但还不善于从联系中寻找规律和结论	
	1	找不到问题的特征，也得不出结论	

本实验选取了大学一年级的学生，通过两次相同的实验，我们任意选取了其中一名学生，利用表5-9进行自评，结果如表5-10所示。

表5-10 某个学生对自主学习的自评结果

指标	权重	表现标准	自评1	自评2
探究精神	4	有强烈的求知欲，不断提出许多与任务相关的问题，并努力寻找答案		
	3	能够提出与主题相关的问题，希望找到答案		√
	2	能提出问题，但有时偏离主题或不做进一步的思考	√	
	1	很少或从不提出问题		
自主学习	4	能在遇到问题时独立寻找解决办法，遇到困难不轻易放弃	√	√
	3	能在遇到问题时，自己进行探究或与同伴讨论寻求解决途径		
	2	能对遇到的问题进行一些探索，但缺乏毅力，喜欢依赖同伴		
	1	遇到问题总是放弃，依靠别人代为解决		

续表

指标	权重	表现标准	自评1	自评2
归纳总结	4	能通过分类、整理来发现问题的关键特征，从相互联系中寻找规律，并得出有关的结论		√
	3	能找出问题的主要特征，也能总结出某些结论	√	
	2	能找出问题的特征，但还不善于从联系中寻找规律和结论		
	1	找不到问题的特征，也得不出结论		

自评1、自评2分别表示该学生在进行第一次作业和第二次作业后的自评。通过表格我们可以看到该学生在自主学习方面的变化，如图5-7所示。电子文件夹记录了该学生的学习过程，经过两次作业之后，在计算机基础方面的探究精神和归纳总结能力有了明显提高。并且在此次评价中我们采用的是自评方式，学生能够真正参与到学习评价中，体现了学生为主体的学习过程。

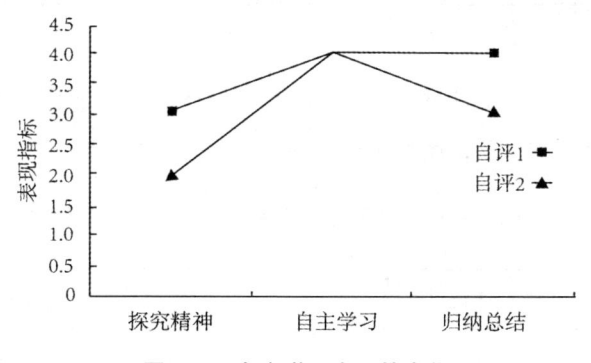

图5-7 自主学习方面的变化

四、信息化教学设计与应用

（一）信息化教学设计的主要含义

信息化教学设计就是运用系统方法，以学为中心，充分利用现代信息技术和信息资源，科学地安排教学过程的各个环节和要素，以实现教学过程的优化。

（二）信息化教学设计的基本特点

传统的教学设计是以行为主义理论作为指导，而信息化教学设计则是以建构主义理论作为指导。为了对信息化教学设计的基本特点有一个更为清晰的理解，下面将信息化教学同传统教学进行比较，如表 5-11 所示。

表 5-11 信息化教学与传统教学的特征

关键要素	传统教学	信息化教学
教学策略	教师导向	学生探索
讲授方式	说教性的讲授	交互性指导
学习内容	单学科的独立模块	带逼真任务的多学科延伸模块
作业方式	个体作业	协同作业
教师角色	教师作为知识施予者	教室作为帮促者
分组方式	同质分组（按能力）	异质分组
评估方式	针对事实性知识和离散技能的评估	基于绩效的评估

在信息化的教学设计中，也会涉及电子作品的制作，但它与经典的 CAI 又有着很大区别，如表 5-12 所示。

表 5-12 经典 CAI 设计与信息化教学设计特点的比较

特征点	经典 CAI 设计	信息化教学设计
设计核心	教学内容设计 以课件开发为中心	教学过程设计 重视学习资源的利用
学习内容	单学科知识	交叉学科专题
主要教学模式	讲授/辅导	研究性学习
	模拟演示	资源性学习
	操作练习	合作性学习

续表

特征点	经典 CAI 设计	信息化教学设计
教学周期	以课时为单位	以单元为单位（短至一星期，长至一学期或一学年）
教师评价	依据行为反应	依据电子作品

综上所述，信息化教学设计的特点可概括为以下六点。

第一，信息化教学设计以建构主义学习理论为指导，但不否定行为主义的观点。行为主义学习理论认为，一切学习过程都是经过不断尝试、不断发生错误及失败，最后才取得成功的过程。

第二，教学过程设计是设计的核心，对于学习环境的创设以及学习资源的利用非常重要。

第三，学习内容为交叉学科专题，强调综合性。

第四，采用探究性学习、资源型学习和合作学习教学模式。

第五，以教学单元为教学周期单位，教学单元或者是某章、某节，或者是围绕某一个主题而整合的相关学习内容。应依据教学单元内容确定课时，而不是为了完成课时工作量去安排内容。

第六，教学评价依据电子作品集，而不是依据终结性考试。

（三）信息化教学设计的内容步骤

第一，学习者特征分析——确定教学起点，以便因材施教。

第二，教学目标分析——确定教学内容及知识点顺序。

第三，教学模式与策略的选择和设计。

第四，学习情境与学习任务设计。

第五，教学媒体与教学资源的选择和设计。

第六，教学评价设计。

第七，管理与帮助设计。

第八，教学过程与结构设计。

（四）信息化教学设计的基本模式

这里重点对学习信息化教学设计的基本模式进行分析，如图 5-8 所示。

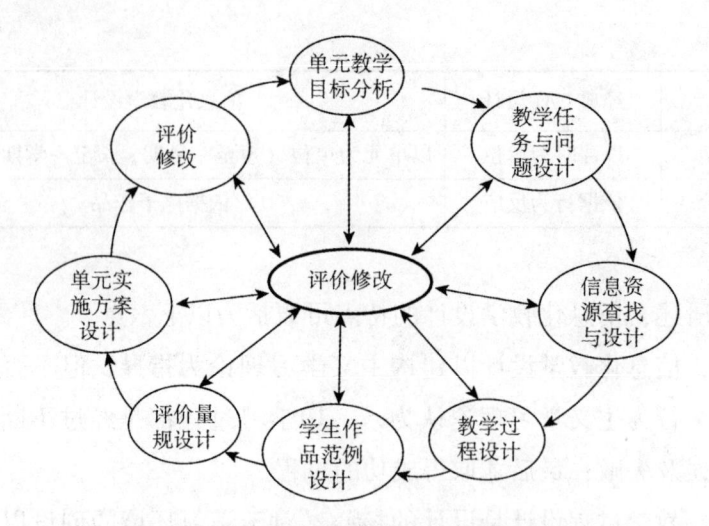

图 5-8　学习信息化教学设计的基本模式分析

该模式是针对教学设计者而言的。在这个基本模式中，教学设计过程可以分为单元教学目标分析、教学任务与问题设计、信息资源查找与设计、教学过程设计、学生作品范例设计、评价量规设计、单元实施方案设计、评价修改八个步骤，如表 5-13 所示。

表 5-13　信息化教学设计基本模式步骤

步骤	任务/目标
单元教学目标分析	确定学生通过此教学应该达到的水平或获得的能力
教学任务与问题设计	根据单元教学目标，设计真实的任务和有针对性的问题
信息资源查找与设计	根据任务和问题以及学生的学习水平，确定提供资源的方式，可以要求学生自己按照学习目标查找资源，也可以提供现成的资源给学生。前者必须由教师设计好要求、目的，后者要求教师寻找、评价、整合相关资源或提供资源列表
教学过程设计	梳理整个教学过程，使之有序化，一般情况下应以文字形式写出信息化教案
学生作品范例设计	在教学过程中，如果要求学生以完成电子作品的方式进行学习，教师就应事先提供电子作品的范例，使学生为将要完成的学习任务获得一个感性认识

续表

步骤	任务/目标
评价量规设计	运用结构化的评价工具——量规评价信息化学习（特别是电子作品）。量规的设计应当具有科学性，以确保评价的可操作性及准确性
单元实施方案设计	具体实施方案设计，内容包括实施时间表、分组方法、上机时间分配、实施过程中可能用到的软硬件问题等
评价修改	在教学设计过程中，评价修改是随时都在进行的，其会伴随设计过程的始终

五、信息化教学评价及应用

（一）信息化教学设计的评价标准

对信息化教学设计是否成功进行评价，可从以下几个方面着手。

1. 是否有利于提高学生的学习效果

第一，学习目标是否明确，表述是否清楚。

第二，是否所有的学习目标都符合相关的教学大纲要求。

第三，教学设计中是否考虑到了学生的个体差异，并明确说明如何调整成效标准以适合不同的学习者。

第四，教学设计是否能够激发学生的兴趣，符合学生的年龄特征，并有利于学生的学习以及高级思维能力的培养，是否有利于学生在信息处理能力方面的培养。

2. 技术与教学整合内容是否合理

第一，技术的应用和学生的学习之间是否有明显的关联。

第二，技术是否是使教学计划成功的必不可少的一部分。

第三，把计算机作为研究、发布和交流的工具是否有助于教学计划的实施。

3. 教学计划的实施是否简单易行

第一，教学计划是否可以根据具体教学情况的差异很容易地进行修改，以便应用到不同的班级。

第二，教师是否可以比较轻松地应用教学计划中所涉及的技术，并获得相应的软硬件支持。

4. 是否能够有效评价学生的学习

第一，教学计划中是否包括一些评价工具，能用于务实的评价及评估。

第二，学生的学习目标和学习成果评估标准之间是否有明确的关系。

(二) 信息化教学评价原则

1. 在教学进行前提出预期

在信息化教学中，学习的任务往往是真实的，而学生又具有较大的自主权和控制权。为了避免学生在学习过程中感到困惑，应在教学进行前通过提供范例、制定量规、签订契约使学生对自己要达到的目标有一个明确的认识。这样一来，学生们就会主动使自己的工作与任务的预期要求看齐。

2. 基于学生实际任务中的表现

在信息化教学中，教学的组织者应尽可能从"真实的世界"中选择挑战和问题，并在评价时关注学生在实际任务中所表现出来的提问的能力、寻求答案的能力、理解的能力、合作的能力、创新的能力、交流的能力及评价的能力。评价的重点应放在如何使学生的这些能力得到发展和提高上，而不仅仅是判断学生的能力如何。

3. 评价是随时并且频繁进行的

既然信息化教学中的评价是一个进行中的、嵌入的过程，那么它也应该是随时并且频繁进行的，目的是衡量学生的表现与教学目标之间的差距，进而及时改变教学策略，或者要求学生改变他们的学习方法及努力方向。事实上，评价是促进整个学习发展的重要工具。

4. 学生对评价进程和质量承担责任

要促进学生自我评价能力的发展，就应让学生就获得参与制定和使用评价标准的机会，促使他们能够在思考和反思中来发展自身的技能。因此，只要有可能，就应尽量鼓励学生进行自评或互评，并使他们对评价的进程与质量承担责任。❶

第二节 高校体育教学信息化现状

一、教师的信息技术、技能情况

（一）教师运用信息技术情况

在 381 名调查对象中，有 295 人平时会使用电脑或网络，占总数的 77.43%；有 199 人使用过互联网，占 52.23%。教师每天上机时间 1 小时以下的占 54.07%，每周上网的时间 4 小时以下的占 78.22%。这说明体育教师对新技术的使用仍存在一些难度。电子备课的人数仅占 12.04%，这表明要想保证体育教师充分利用信息技术优势来服务于体育教学，就必须对体育教师进行科学引导和支持。通过调查体育教师利用网络的情况发现，"收集教学材料"是体育教师的一种关键教学应用方式，所占比例为 40.16%。

（二）教师的计算机操作技能

调查发现，绝大多数体育教师达到了熟练使用计算机完成部分教学操作的要求，还有一些体育教师能够熟练完成网页的制作。但是，绝大多数体育教师在掌握计算机中级操作技能和高级操作技能方面的情况并不理想。例如，体育教师对压缩、解压缩软件的使用，应用软件的安装、卸载技能等达到熟练程度的比例较低，分别为 30.97% 和 32.81%。运用 Powerpoint、

---

❶ 马腾，孔凌鹤. 现代体育教学改革与信息化发展研究 [M]. 北京：中国商业出版社，2018.

VB等软件制作多媒体课件熟练者为34.91%。调查显示，占总数65.09%的体育教师具备一定的计算机硬件知识，包括计算机的组成以及多种信息处理设备的使用等。掌握计算机硬件知识对于在教学过程中使用多媒体计算机等设备有着很大推动作用。

二、教师利用信息技术的情况

（一）教师认识信息技术内涵的情况

通过对部分高校普通体育教师对信息技术的内涵认识可以得出，51.18%的体育教师认为信息技术是计算机的基本操作，32.81%的体育教师认为是收集、处理、加工以及传输信息，11.02%的体育教师认为是网络技能，4.99%的体育教师认为是操作与使用扫描仪等设备。由此可见，体育教师对信息技术内涵的认识还有许多需要更正之处，因为体育教学信息化并非对计算机的基本操作，也不是学习和运用不同软件产品的"使用方式"。因此，纠正体育教师对信息技术内涵的认识非常有必要。

（二）教师利用信息技术教学的动机

在被问及利用信息技术进行教学的动机时，回答尝试新鲜事物的人占24.93%，个人爱好的占21.52%，提高教学质量的占18.11%，应学生要求的占15.49%，完成科研课题任务的占11.81%，参加比赛的占7.09%，教学计划要求的占1.05%，可见，体育教师利用信息技术进行教学主要还是以个人动机为主。

（三）教师利用信息技术完成教学的情况

相关调查表明，把体育课程及信息技术的整合工作设定为重要任务并开始实施的高校占10%，将在1~3年内实施计划的高校占25%，没有制订这方面计划的学校占65%。信息技术和体育课程的整合过程十分漫长，体育教学中运用信息化技术没有达到计划性要求和系统性要求，大部分体育教师都止步于简单的演示阶段。在体育教学活动中，时常使用多媒体技术上课的体育教师占16.01%，使用多媒体技术上课次数有限的体育教师占

62.99%，一直以来没有使用过多媒体上课的体育教师占21%。由此可知，体育教学中使用信息技术的次数有待增加。

三、教学软件开发情况

（一）开发软件的人员比例

对高校体育教师制作和开发教学软件的能力进行调查后发现，28.08%的体育教师不进行课件制作，71.92%的体育教师会选用编辑工具完成课件制作工作，11.02%的体育教师可以借助高级语言来完成该项工作。

（二）教师选择课件类型的情况

调查结果表明，65.62%的体育教师指出要着重制作综合性课件，要把教师和学生的需求都考虑在内，如此对有序开展课堂教学和学生自主学习都有很大的积极作用；22.31%的体育教师指出应当制作助学自主学习型课件，具体就是要对学生在课外的自主学习产生积极作用；12.07%的体育教师指出应当制作助教演示型课件，使教学过程中的重点、难点得到妥善解决。分析可知，大多数体育教师对综合型课件都进行了肯定。但是，体育教师目前制作的课件82.15%为助教演示型课件，7.09%为助学自主学习型课件，而只有10.76%为综合型课件，这与教师在调查中的实际选择存在着很大不同，其具体原因可能是综合型课件需要把教师和学生的实际需求都考虑在内，完成设计必须具备很强的能力，但很大一部分体育教师的课件制作水平无法达到要求。

（三）教师研发课件的利用率

调查表明，目前高校体育教师开发的教学课件可分为理论课教学课件和实践课教学课件两类，其中理论课教学课件的占比为78.13%，实践课教学课件为21.87%。对课件研制成功后在1年内的应用情况进行的调查表明，大多数课件在完成了教学试验之后就被束之高阁，很少被应用，少部分继续应用的课件多为理论课教学课件，其应用范围局限在本校甚至是本任课班级之内，如表5-14所示。

表 5-14 体育教学 CAI 课件的应用情况（1 年内）

调查项目	1~2 次	2~4 次	4 次以上	校内	校外
理论课教学课件	18.74	40.63	40.63	100	0
实践课教学课件	71.43	28.57	0	100	0

四、信息技术的科研情况

对接受调查的教师发表的信息技术辅助体育教学的论文内容进行统计后发现，在这些论文中，只有 19.15%的论文涉及研制和应用两个方面，仅涉及研制或者应用的分别为 17.02%和 19.15%，可以得出亲自研制体育教学 CAI 课件的体育教育只占一小部分。研究内容中理论课教学研究占很大比例，技术课教学研究所占比例十分有限，技术性教学研究的选题没有实现集中化，与一系列选题还存在较大差距。因此，尽管体育教学信息化的发展情况已被置于重要位置，但研究内容往往会局限在理论方面，还未能在实际教学操作中被大范围应用，还需要在实际教学操作中进一步优化、提升、推广。

第三节 高校体育教学信息化改革探讨

一、体育教学信息化改革理论分析

由于学校在体育教学中，历来沿用传统的教学方法，导致体育专业人才整体培养层次比较低，难以满足社会对专业人才的需求。学校进行体育教学改革，将现代信息技术融入学校体育教学中，使信息技术与体育课程教学结构、教学内容、课程资源建设以及课程实施等要素进行融合，在教学过程中能够极大提高学校体育教学水平。除此之外，参与体育教学的教师还可以把信息技术当成关键的教学工具，学生可以把信息技术当成学习体育的中介。详细来说，在体育教学中，应当把教学工作的整体需求设定为重要依据，构建以网络与多媒体为基础的信息环境，顺利开展各类体育教学活动。

对于体育教学而言，应当把信息技术与体育课程教学有机融合在一起，借助信息技术加工工具来进一步优化学生的学习手段，重构学生的体育知识，这是师生在体育教学中共同实现体育教学目标的新型教学手段。

二、体育教学信息化改革的必要性

（一）学生认知特点的需求

在体育教学中应用信息技术，特别是应用多媒体技术，有助于推动体育教学工作与学生的认知能力与认知规律更加吻合。在现阶段，多媒体不只是拥有计算机特定的储存记忆功能、高速运算功能、逻辑判断功能等，也能够借助图形窗口模式、交互界面模式和语音识别模式来推动计算机处理文本、图形、音频、视频的能力。除此之外，多媒体技术传播与表达信息的依据是人类的认知方式，能够进一步突出教学活动的直观性、生动性以及启发性，有助于学生高效掌握运动项目的理论知识与技能。

（二）个性化教学的内在要求

个性化教学的宗旨是将所有学生的潜力挖掘出来，其重要依据是学生的具体特征与实际需求。教师在实施个性化教学时，一定要给予所有学生平等的选择机会以及选择权利，而信息技术能够在该方面向学生提供网络课程资源教学平台。在改革体育教学信息化的过程中，学生可以在认真听取教师科学指导的前提下，联系自身的实际需求灵活挑选学习内容，借助自主学习可以形成个性化学科知识结构，最终培养出一大批体育教学的个性化人才。

（三）有助于拓展体育教学资源空间

应用现代信息技术不仅解决了记录和存储体育信息的难题，还解决了加工体育信息的难题，给编制与实施体育教学内容带来了不同于以往的结构理念以及技术手段。在体育教学过程中，教师能够全面运用课程教学配备的教学资源来提高教学质量，可以在分析学生认知水平与认知特征的基础上灵活组织教学，从而使教学效率得到大幅度提升。现代信息技术所承载的体育教学资源超出了教师和课本所能容纳的极限，并且成为了学生获取体育知识的主要途径。因此，体育教学信息化改革可以极大地扩充教学信息量，拓展学生的视野和思路。

（四）有助于打破传统教学时空限制

传统的教学方法使得体育教学工作被局限于课堂上，但在MOOC等学习模式产生之后，学校体育教学工作需要应对的挑战不断增加。客观教育环境的变化要求学校必须改变传统的方法。而实现体育教学的信息化改革，学生可以随时随地通过校园网学校优秀教师的体育教学课件，满足自身碎片化的学习需求。学校在体育教学中通过推广教师先进的教学思想、教学经验，能够使学生接受最好的教育。这样能够实现学校体育资源的高度共享，有效提高体育教育传播的范围及时效。

三、体育教学信息化改革的具体对策

（一）加强体育教学改革的硬件设施建设

1. 加强多媒体教室建设

在体育教学过程中，运用多媒体教学包含多个方面优势，如借助多媒体来观看优秀运动员的动作示范等。从整体来看，在体育教学中运用多媒体技术，对体育教学工作实现多元化目标有很大的推动作用。为此，高校应当密切联系体育教学的具体需求，积极建立一些专用的体育教学多媒体教室，从而提高体育教学工作的趣味性。

2. 加强网络系统建设

积极加强网络系统建设，有助于教师在闲暇时间参照体育教学要求，选择音频或视频来积极指导学生学习体育技能和体育知识。在互联网普及范围不断扩大的背景下，网络被应用于社会的各个领域，体育教师可以借助互联网搜索需要的体育专业知识以及各类教学资料。师生可以通过网络实现在线沟通，从而使学生在学习过程中的疑惑得到及时解答。

3. 加强 CAI 研制和开发

学校为了实现体育教学信息化改革、加强体育课程资源平台建设，必须要有大量的体育课件，并且应不断进行更新与丰富，为此学校必须要积极组织教师制作 CAI。通过不断制作新的体育教学课件，不断实现体育教学模式的革新和多元化。

（二）建立体育信息教学资源平台

在传统的体育教学中，由于没有充分考虑到学生不同的身体素质情况，导致学生的运动特质难以被调动出来。在体育教学中由于没有考虑到学生的个性化发展需求，使学生的全面发展受到了严重影响。由于在教学中没有充分考虑学生的实际特点，忽视了学生的个性化发展，导致体育教学工作很难取得较好效果。因此，根据学生的实际需求，通过建立体育信息化教学资源平台实现优质体育教学资源共享，能够在体育教学中充分发挥学生的个性，这是提高体育教学质量的重要途径。在信息教学资源平台建设时，建立优秀教师授课资源课和优秀教练的训练课资源课，不仅能够实现优质体育教学的资源共享，同时学生还能够根据自己的需求灵活选择教学内容，实现学习方式的个性化发展。体育教学信息化改革有助于高效管理学校的体育设施与体育场地，有助于大幅度提升体育设施和体育场地的利用率。由此可知，高校应当积极构建教学资源平台，从而达到资源共享的目标，这同时也是体育教学信息化改革的关键基础。

（三）加强教师信息技术的培养

在现阶段，教师整体信息素质不高是我国高校普遍存在的问题，还是限制高校体育教学信息化的关键性因素，所以，提升高校教师的信息素养技能是一项重要任务。而要想从根本上达到这个目标，应当从三个方面出发：第一，学校构建的培训体系应当完善、系统，同时应在学校内部设立专门的培训机构，分期、分次地组织教师参与信息技术培训；第二，在培训体育教师的过程中，需要密切关注信息技术的最新发展动态和发展成果，从而对教师的培训内容进行及时的革新与优化；第三，在培训体育教师的过程中，应密切联系学校体育教学的具体需求，不断探究与教学特征相适宜的培训模式以及培训运行机制。

（四）加强教学资源的数字化

教学资源对教学具有不容忽视的支撑作用，所以体育教学信息化改革的首要任务就是突破教学资源限制。在传统体育教学中，其主要方式是教学集合、集体训练、例行活动、解散，但这种方式存在着单一、枯燥的缺陷，学生真正接受到的体育知识十分有限，绝大多数教学资源都未能充分运用。要达到教学资源数字化的目标，学校层面应当先构建数字化教学资源库来充当信息化建设的基础性模式，把大量的体育类图片、视频以及多媒体教学资料作为教学的基本资源库，同时在教学过程中对学校自身的教学资料进行收集并不断扩充，将优秀体育教师和优质体育课程以数字化资料的形式并入资源库。

通过基本收录与平时的不断扩充，高校的数字化体育教学资源库将越发丰富，这一方面会大大便于学校的统一管理及分类保存，同时还可以使每一类体育教学课程都有强大且具有本校特色的资源库。教学资源的数字化，基本上实现了多媒体教学资源的集中管理和流水化补充体系，资源集中、数据量大，便于查询及保存，同时也为教学提供了丰富的教学资源，这是高校体育教学信息化建设的基础。需要补充的是，学生可以自觉借助学校的信息化平台来浏览各方面的资源，从而有效推动自身的自主学习。

（五）加强教学手段的多媒体化

教学手段的多媒体化同样是体育教学信息化改革的重要层面之一。多媒体教学手段不仅拥有良好的交互性以及生动的教学模式，还是完成体育教学及信息化建设有效整合的措施。传统体育教学模式存在单一化的缺陷，绝大多数为教学示范与自我训练两种方式，随后则会安排自由活动，但很多学生存在无法全面理解教学难点的情况。例如，因为篮球教学的运动节奏快且运动规则繁杂，学生在全面理解所有动作的标准性方面存在很大难度，同时对犯规的具体要点无法精准区分，而多媒体教学则能够从根本上解决该问题。

在播放多媒体教学短片时，教师可以利用慢放、定格、倒退、多次播放等形式来使学生全面掌握关键动作或教学难点，教师还可以借助数字多媒体设备把技术难点中的重要动作抠出来，同时借助视频等形式实施分解。采用这些方式不仅能让体育教学的准确程度与形象程度得到大幅度提升，还有助于学生的理解与记忆。对于犯规行为来说，可以直接以多媒体模拟各种犯规行为的动态过程，这样学生的理解要比单纯的教师讲解或者简单的示意图更为直观。除此之外，教师还可以在课堂上播放经典的篮球比赛，紧张激烈的比赛可以瞬间将学生拉进实际篮球比赛的场景之中，感受到比赛和运动氛围，也可以提升学生的学习兴趣。在多媒体技术的辅助之下，体育课堂可以变得更加多元与生动，这也是对数字化教学资源库的重要运用。

（六）实现教学平台的网络化

资源共享和互助是现阶段教学改革的重要趋势，而资源共享的一项有效手段就是教学平台的网络化，这同时也是体育教学信息化建设与改革的一项常见功能。平台的网络化包括多个方面，如学生与学生之间、教师与学生之间、教师之间、学校与学生之间、学校之间等，信息化建设可以将这些因素全面地联系与整合起来。在教学实践中，应该在信息建设中构建网络交流平台，作为信息建设的门户及主要功能窗口，于其中嵌入教学资源、交流、反馈等多个功能模块。例如，可以构建如表5-15所示的网络平台，在网络平台中，首先学生可以对整个学校的数字化教学资源进行搜索、浏览、下载等一系列操作，同时利用E-mail、在线交流等形式与同学和教师进行沟通，打破了时间与空间的限制，同时可以在网络平台上根据体育爱好组建各个 BBC 类社区，在社区内部实现资源共享与交流。

表 5-15　网络平台功能表

功能模块	网络功能	网络体系
教学资源	资源搜索	千兆级校园骨干网络
	资源下载	
	及时交流	
交流	信息及数字化资源传递	教学资源数据库
反馈	信息纵横向流动	基于 PPR 的网络交流平台

另外，网络平台的显著作用是实现院校间的密切协作和资源共享，体育教学信息化改革有助于高校之间达到体育教学的资源共享，借助电子化数据文件来向其他高校传输教学经验、经典课程、经典课件等，从而为高校之间共享教学经验、借鉴先进教学理念与教学手段、邀请体育教学专家在网络平台上与广大体育教师交流提供了很大的便利。教学平台网络化对提升高校体育教学水平、深入改革体育教学信息化都有很大的积极作用。

（七）构建考核模式的信息化

考核与检测不但是构成体育教学的关键部分，而且也是很多职业和升学要求通过的首个关口。高校体育教学信息化改革也需要推动考核方面的信息化建设。在现阶段，有很大一部分高校依旧运用的点传统考核模式，即以跳远、跑步等固定项目对学生进行考核，最后根据学生的成绩打分，并人为地设置一个"及格线"。这样的模式不仅没有人性化地考虑到各个学生在体质和运动爱好以及平时训练强度的差异，也难以实现考核及测评的数字化，因而其结果不仅不够科学与人性化，也难以进行后续的分析与处理。

通过分析高校体育教学的实际情况可知，现代教学理念下的体育教学往往是服务性的，其最终目标是提高学生身体素质和推动学生均衡发展，所以专门划分一个及格标准设计是没有必要的。针对这一方面，可以借助新兴体质监测模式来代替以往的体育考试,即综合体检与趣味体能检测的模式对学生的肺活量、肌肉弹跳性、爆发力、耐力等做出科学的测定,并将其与学生的身高、体重、年龄等基本因素综合起来。

对于高校体育教学来说,信息化建设的显著作用是由检测开始的数字化模式能够让数据来反映学生的检测结果,同时相互之间能够借助系统来完成后续的分析,提出最终的体质检测报告,对学生的身体状况进行判断并提出身体机能的弱项和后续锻炼、饮食、睡眠等方面的建议。这种手段的准确性和科学性更加显著,能把对院校的所有教学成果以及学生的体质检测统一汇集到信息平台,为学校的管理与分析提供便利。体育教学信息化的改革和发展是高校体育教学在未来发展中的必经之路,还是与时代发展背景有机融合的重要趋势。体育教学的信息化改革和建设对于优化高校体育教学具有深远影响,高校教育应当把体育教学信息化改革摆到重要位置上。就现阶段来说,尽管体育教学信息化发展过程中还存在很多问题,但只要高校从积极组织体育教师进行探索并立足于教学资源、教学方式、考核模式等方面着手,就必然能从根本上推动高校体育教学信息化的改革和发展进程。❶

第四节 高校体育教学信息化系统建设

一、构建高校体育教学信息化系统的意义

(一)充分展现体育教学的特点

在通常的体育教学中,很多体育运动的动作是比较复杂和烦琐的。同

---

❶ 马腾,孔凌鹤. 现代体育教学改革与信息化发展研究 [M]. 北京:中国商业出版社,2018.

时，大量体育运动的动作具有连贯性、快速性等特点，在进行某些较为专业的教授和训练时，关键动作以及一些技巧学生难以观察清楚，进而难以在教学中把握重点和难点，使体育教学的教学效果大打折扣。从教师层面来看，由于教师水平、理解能力、教学方式以及运动水平的差异，在教学中不可避免地会受到自身随意性的影响。体育教学信息化系统的构建能够把传统教学与数字化教学资源充分整合起来，这有助于体育教学的维度和广度更加丰富，有助于体育教学难度的下降，促使体育教学的理解性和形象度得到大幅度提升，最终使体育教学的整体效果得到改善。

（二）促使教学形式的多样化

由于体育教学的涵盖面广，而高校体育又比较开放及自由，因而高校体育教学的形式并不像小学和中学那样固定。同时，由于硬件设施的相对完善，排球、足球、乒乓球、羽毛球、田径、游泳等大量的体育活动都可以作为体育教学的内容。

就教学形式来说，不管是开展简单的体育活动、专业化培训、不同类型的体育比赛，还是测试学生对体育知识的掌握情况，均促使体育教学的涵盖面不断拓展，管理难度和对教学资源的需求量都在逐步增加。同时，各种体育教学形式间也需要全面整合，所以体育教学信息化系统建设对不断多元化的体育教学形式的管理与资源来说十分必要。

（三）有助于深入推行素质教育

在素质教育推行深度不断加深的情况下，高校体育教学理念发生了翻天覆地的变化，体育教学已经从简单的体育运动发展成为集身体训练、协调性、身体机能开展、学生心理健康、生存能力、意志力于一体的综合性学科，很多高校的体育教学已经更名为体育与健康。这些方面的转变也让体育教学目标朝着多元化方向发展，衍生出了知识目标、技能目标、情感目标、社会适应目标等全新的结构和理念。针对这些变化，体育教学必须有效整合更多信息，提供生动形象的教学方法，形成更加多样化的服务性功能，如果只单方面依赖传统的体育课程教学是无法实现的，必须要有体育教学信息化系统的全面支持。

二、构建高校体育教学信息化系统的具体实施

构建高校体育教学信息化系统的实施过程包括很多环节，这里主要对系统概念、系统分析、系统总体设计、系统功能实现进行阐释。

（一）系统基本概念

教育电子政务是电子政务和教育信息化的组成部分，从形成开始便一直受到教育部的密切关注。体育教学管理系统应当把实际应用当成重要目标。教育信息化着重反映在体育教学中运用信息化方式解决传统体育教学中的管理问题上，其在提升教育管理水平和教育管理工作质量以及优化教育部门服务职能等方面的作用越来越突出。

系统平台能够在安全的前提下供全校师生在线使用，选择统一认证的方式，在校师生可以选择线上的形式访问、查询并管理体育课程以及素质测试信息。信息化管理平台软件可以采用数据库服务器、业务服务器分开使用的方式提高访问并发性及数据安全性。每天自动从各相关系统抽取数据，并保持数据的及时准确，用户根据需要可直接快速地查看所需的各类信息，不需要再进行二次加工，功能基本上涵盖了高校体育教学所涉及的内容，能够满足学校的实际使用需求，采用良好的人机界面，并能够随着业务的发展及时更新相关功能，软件专门设置了学生查询访问系统，每个学生的所有相关体育信息都可以随时在上网进行查询，并且可以进行网上选课，网上选课外协会、俱乐部，网上预约体质健康测试。

在现代信息技术飞速发展，计算机技术、通信技术以及网络技术发生翻天覆地的变化，高校体育教师应当不断提升应用及驾驭信息技术的能力，全面掌握开发工具与开发方式，不断提升自身信息技术素质。在现阶段，社会信息量持续增加、各类信息混杂无序、信息质量的差距较大，提供服务的信息资源数量十分庞大，信息资源之间交叉重复，很多学科与领域的信息都有涉及，所以高校体育教师必须要对各类信息资源形成清晰的认识，

不断提升自身的信息查询能力和信息获取能力。而针对已经获取的有关信息，体育教师应具备组织、加工、分析信息的能力，准确吸收与自身需求相吻合的信息，同时组织和加工成与自身需求相适应的形式，对自身参与的实践活动发挥出推动作用。

目前，有很多高校的信息化系统构建已经实现了校园一卡通管理、无线校园网覆盖、高性能服务器群、数据库中央信息等多项功能，已经形成了功能齐全的教务管理系统与学生管理系统。因此，在完成系统架构设计工作时，应当对怎样与当前系统有机结合进行全面考虑，实现直接取得当前数据信息的目标，舍弃重复录入环节和数据导出工作。本系统的课程信息与学生信息选择和教务系统以及学生系统同步更新的方式，为数据的准确、有效提供了保障，学生体育锻炼成绩能够借助系统联动输入至教务系统中。这些系统都已经拥有基于数据库结构的接口模块，并且在人员权限管理上都能够采取统一身份认证的方式，把权限通过角色的方式进行组织，最终为系统管理者和系统使用者高效管理系统用户带来便利。

（二）系统分析

1. 需求分析

高校体育教育信息化是一项系统工程，体育成绩管理、交费重修、优秀生选专业、体育馆（所）的开放管理与完善、教学质量监控系统和教学评估制度都一定要科学地运用计算机网络系统，从而更好地适应崭新的教学管理运行机制，为高校实现教学秩序井然、教学各个环节良好运转提供保障，这种发展趋势一定会成为未来体育教学信息化系统发展的潮流及方向。

高校学生没有固定的班级，在每学期开始之前，教务处会公布体育课程班信息，学生可以自己选择不同类型的体育班和任课教师。教务系统将选课结果同步到中央数据库，体育锻炼管理系统则通过中央数据库来同步实现更新。数据同步采用定时运行数据同步程序来实现。

2. 系统功能分析

系统设计需要达到的要求分别是超前性、及时性和准确性、高效性、方便性、安全性和可靠性、参数化和兼容性、先进性和可扩展性。具体来说，超前性有助于系统升级及功能的延伸；及时性和准确性是指每天自动在有关系统中抽取数据，从而保证数据及时和准确；高效性是指用户结合实际需求在短时间内查看不同类型的信息；方便性是指使用者能够直接查看相关信息，无须二次加工；安全性和可靠性是指清晰划分不同用户的实际权限，明确限定具体功能的使用权；参考化和兼容性是指各项功能选择参数化设计，从而为修改和升级系统功能提供便利；先进性和可扩展性是指运用理想的人机界面，同时根据业务发展情况来更新有关功能。系统功能分析的具体内容包括以下几个方面。

第一，为全方位落实并实施《学生体质健康测试标准》，必须对上报学生体质健康测评数据时进行全过程与全方位的监管，为上报质量提供保障，保证上报质量达到信息化要求和规范化要求。

第二，为精准统计和全面分析学生的体质健康情况，对体教工作的科学决策和教学研究提供重要参考价值，就必须保证社会公示有事实依据、有说服力，以达到真实、客观的要求。

第三，业务工作信息化。将学生健康测试数据管理的主要业务由计算机处理，避免人工处理的信息不准确、效率低和出错率高等问题，提高对数据处理中遇到的种种问题的实时响应能力，加快决策的速度。同时，通过对现有业务流程的整理分析，可以优化业务流程、提高工作效率。

第四，信息管理网络化。所有的应用都应在网络上实现，将数据和应用集中起来形成整体。避免数据和应用系统不及时与不统一带来的信息"孤岛"现象，防止对同一数据重复录入和结果不一致而造成的数据冗余及数据丢失等现象。同时，信息通过网络传递，也加快了信息处理的速度。

第五，业务管理数字化。全面且准确的测试数据不仅是研究、改进质检工作的重要依据，还能为学生的体质评价带来参考价值，也是体育教学管理、体育教学决策的重要根据。当前，体育教育管理已经不再只凭借经验，而是以数据为重要根据，立足于实际情况，以保证最终的决策更加科学、更加合理。体育教学信息化系统通常是充当指导性的管理监控平台，该系统集全局性、精确性、独立性、稳定性、安全性、可扩展性于一体。本系统将采用当前易用和流行的 B/S（基于浏览器/服务器）的架构，用 Java 语言开发，保证系统有良好的可操作性及后期扩展性。该系统要求能实现的功能有系统管理、新闻管理、体育成绩管理、课外锻炼管理、课外俱乐部管理、健康测试管理、教师管理、电子教案、理论考试、网上选课、网上成绩评价、业务数据上传等功能模块。

（三）系统总体设计

1. 系统设计

本系统将采用 J2EE 技术进行开发。J2EE 是一种利用 Java2 平台来简化企业解决方案的开发、部署和管理相关的复杂问题的体系结构。J2EE 技术的基础就是核心 Java 平台或 Java2 平台的标准版，J2EE 不仅巩固了标准版中的许多优点，例如，"编写一次、随处运行"的特性、方便存取数据库的 JDBCAPI、CORBA 技术以及能够在互联网应用中保护数据的安全模式等，同时还提供了对 EJB（Enterprise Java Beans）、Java Servlets API、JSP（Java Server Pages）以及 XML 技术的全面支持。

就系统设计来说，可选用分层手段完成构建系统架构的工作。把和业务逻辑有关的内容组建成业务逻辑层的部件，前台一般采取 Java 开发界面（表现层），而界面设计则需要把用户的具体使用考虑在内，构建理想的人机交互。针对业务逻辑层下面与数据层更接近的位置，应当安置和数据层存在直接联系的业务数据操作业务，从而形成数据操作层。底层就是数据层，充当着系统的核心数据库角色，储存和业务数据存在联系的内容是其主要作用。因此，我们可以将整个系统分成四个层面，以期在未来调整系统业务逻辑方面和表现层时不会波及系统架构，也便于开发人员采取修改手段来调整与新建中间业务层的内容，最终达到更新系统的目标。

2. 数据设计

系统采用 B/S 模式，用户通过互联网访问系统，进行数据查询并获取数据处理结果。系统安装在 RedHat Advance Server5 上，数据库采用 Oracle 9i，主页服务器使用 Apache2.0 加 JBoss3.26，以获得对 JSP 良好的支持。使用 JDBC 与数据库建立连接、发送 SQL 语句并处理结果，JDBC 为程序开发提供标准的接口，用户的查询命令先是被发送到 JDBC，然后由它将 SQL 语句发送给数据库。数据库对 SQL 语句进行处理并将结果送回给用户。

（1）运动处方相关数据库结构设计

运动测试评价表的具体内容如表 5-16 所示。

表 5-16　运动测试评价表

字段名	字段类型	字段长度	字段说明
ID	INT	4	ID（主键）
TEID	INT	4	评价 ID（外键）
TENAME	VARCHAR	50	评价名称
TEDJ	VARCHAR	50	评价等级（不及格，及格，良好，优秀）
XB	INT	4	性别（1 男，2 女，9 混）
TENR	VARCHAR	1000	评价内容

运用体育锻炼管理系统，学校整理并分析实施体质健康测试，同时把最终结果反馈给学生。在成功构建大学生体质健康档案以后，体育教师与指导员应当以学生在各个阶段的体质健康情况为依据，对体育锻炼的内容与计划进行科学修订及完善，并在密切联系学生生活方式的基础上，制定出针对性强的运动处方。

运动处方表的具体内容如表 5-17 所示。

表 5-17　运动处方表（Formulary）

字段名	字段类型	字段长度	字段说明
ID	INT	4	ID（主键）
CFID	INT	4	处方 ID（外键）

续表

字段名	字段类型	字段长度	字段说明
CFNAME	VARCHAR	50	处方名称
CFDJ	VARCHAR	50	评价等级（不及格，及格，良好，优秀）
XB	INT	4	性别（1男，2女，9混）
CFNR	VARCHAR	1000	处方内容

假设某高校的本科生大约是 2.5 万人，每个年级第一学期都需要完成体质测试，怎样有效管理学生的体质测试，怎样有效管理各年级学生的晨跑、体育课外活动以及体育俱乐部锻炼，怎样把学生体育锻炼数据换算成体育成绩，都必须借助于信息化方式来完成切实可行的人性化管理。教师运用个人校园网络平台和手持终端，了解并掌握学生具体体质情况，能够更有针对性地培养体质差和特殊学生群体的体育兴趣与爱好。由于各方面条件的限制，现阶段我国高校体育教育还无法真正意义上为每个学生制定体育运动处方，而现代化的以人为本的教育理念要求教师尽可能引导并帮助大学生形成科学的健身技能与正确的运动锻炼习惯。

（2）体质测试成绩评价

对于高校体育教学信息化系统软件来说，学生体质测试的成绩评估结果和具体数据是系统决策的重要依据，能够阐述这个部分的设计过程与实现过程，当学生完成各项体质测试之后，相关数据会随之进入系统，表 5-18 主要用来存放学生体质测试情况，针对特定的学生，需要借助学生信息基础表，如表 5-19 所示，来获取学生性别和健康成绩评价标准系数表，如表 5-20 所示。

对于某一个学生，通过学生信息基础表获取其性别，与健康成绩评价标准系数表进行比较，得出对应学生的单项成绩、状态、折合分，并对各项分数相加得出学生的总成绩，对学生的体质测试状况进行精确判断，存在主要关联的三张表具体如下：

表 5-18 体质测试数据表

数据字段	数据类型	能否为空	字段描述
H_ID	INT	否	PERMARY_KEY（IDENTITY）（自增）
D_SNUMBER	VARCHAR（30）	否	学号
D_SNUMBER	VARCHAR（30）	否	项目编号
D_SCPRE	VARCHAR（30）	否	项目成绩

表 5-19 学生基本数据

数据字段	数据类型	能否为空	字段描述
STUID	INT	否	PERMARY_KEY（IDENTITY）（自增）
STUNO	VARCHAR（30）	否	学号
NAME	VARCHAR（30）	否	学生姓名
SEX	VARCHAR（30）	否	学生性别
STU_DEPT	VARCHAR（30）	否	院系编号
STU_REMARK1	VARCHAR（100）	能	备注
STU_REMARK2	VARCHAR（100）	能	备注

表 5-20 健康成绩评价标准系数

数据字段	数据类型	能否为空	字段描述
G_ID	INT	否	PERMARY_KEY（IDENTITY）（自增）
G_PNUMBER	VARCHAR（30）	否	项目编号
G_MARK1	VARCHAR（30）	否	该项目某一标准的下限
G_MARK1	VARCHAR（30）	否	该项目某一标准的下限
G_SCORE	VARCHAR（30）	否	该项目单项得分
D_REMARK1	VARCHAR（30）	否	该项目在此标准的单项得分
G_REMARK2	VARCHAR（30）	否	该项目在此标准的折合分
G_STYLE	VARCHAR（30）	否	此标准状态

需要说明的是，学生的每一项测试成绩都应作为一个记录。

在运用高校体育信息化系统评定学生体质成绩时，应当把每名学生的体质测试成绩根据不同性别和健康成绩评价标准系数展开细致比较，从而获取学生的单项成绩与总成绩（折合分累加获得）。

（四）系统功能实现

高校可以充分发挥并完善无线网络覆盖的作用，选择带有无线网卡的PDA完成日常教学管理。PDA的主要特征是选用触摸式图形界面操作，可操作性特征和直观性特征显著，具备多媒体功能。教师手持PDA进行教学活动，将学生的课外活动出勤数据、体育考试成绩数据、健康测试数据和游泳测试数据等信息实时传输到服务器后台，由体育教学管理平台软件进行处理。对于设备的技术维护来说，应当由学校信息化办公室安排专人管理各类的软件设备和硬件设备。如此，就可由专业人员完成网络维护工作与硬件维护工作，而体育部门则是使用部门，仅需学习并掌握软件的业务使用流程即可。这样能够把体育部门与体育教师的管理任务分摊出去。

1. 系统人员管理

目前，很多高校的人事管理与学生管理已经配备了应用系统，同时有关系统和高校中央数据库是实时同步的，有效预防了体育锻炼管理系统中体育教师数据与学生数据被再次输入，为数据的完整及一致提供了保障。体育锻炼系统的人员和中央数据库数据是直接同步的，系统管理员不具备在系统中增加人员信息的权力，要想更新人员就必须先完成数据同步，达到数据同步目标的方法是采用定时运行数据同步程序。在体育锻炼管理系统中，不允许更改教师信息和学生信息，相关信息更改只能要求学校人事管理系统和学生管理系统修改，然后同步更新到体育锻炼管理系统中，以保证数据的统一性。

人员登录采用高校统一身份认证系统，用户登录体育锻炼管理系统时，体育锻炼管理系统将用户名与密码发送到统一身份认证系统进行验证，统一身份认证将返回"True"或"False"，体育锻炼管理系统会根据返回值判断用户登录是否成功，体育锻炼管理系统本地不保留用户密码。

体育锻炼管理系统设有三级权限，即系统管理员、教师、学生。系统管理员具有最高权限，教师可以管理自己课程班学生的信息，而学生则只能查询与自己相关的信息。

2. 手持机管理

在高校全面覆盖无线网络的情况下，体育教师可以在工作中使用手持机登记学生早操出勤情况、课外锻炼成绩、体育课成绩，进行常规的早操和课外活动的设置与考勤，也可以采用课外俱乐部的组织模式，进行俱乐部式的锻炼及考勤，然后上传到服务器。课外俱乐部可以安排体育教师结合实际需求来自行设置，指导学生结合自己的意愿来选择，自由选择学生感兴趣的运动项目，从而有效调动学生参与课外活动的主动性，最终实现强身健体的终极目标。

在课外锻炼考勤中，手持机可以显示出的优点是方便携带、操作性强、性能稳定。在条件允许的情况下，高校可以选择符合标准的 IC 卡，选择一次能够存储 2.5 万条记录的机器，同时在电脑端导出数据后清空，然后进行反复使用。

（1）手持机体育管理程序界面

手持机上的体育管理程序可根据课程需要设置早操课外锻炼、游泳成绩录入、体育成绩录入和数据上传等多个方面的内容，教师在进入体育管理程序前需要先刷教师的工作证进行身份识别。

（2）早操、课外锻炼

早操、课外锻炼和课外俱乐部运动是体育教学课内外一体化的组成部分，通过早操、课外锻炼和课外俱乐部锻炼刷卡统计学生的锻炼次数可作为学生体育成绩的一部分。

（3）游泳成绩录入

高校可以强制要求学生在校期间必须通过游泳 50 米的测试，不然就不能颁发毕业证，这样不仅有助于提升学生的身体素质，还能让学生掌握一项生存技能。在游泳测试中，不需要考虑时间和姿势，只设置有通过和不通过两种结果。当学生刷卡后，教师需要完成的工作是确定学生是否通过测试并记录具体成绩。

（4）体育成绩录入

体育成绩录入是教师对学生进行专项考试时，教师可以选择考试科目，刷完学生卡后进行成绩录入。

（5）数据上传

通过手持机完成各类体育项目考核之后，应当把数据保存在手持机中，教师可以连接无线网络把手持机中的数据上传至服务器，最终导入系统。需要注意的是，上传的成绩也需要在手持机上进行备份。

3. 系统反馈

大学生体育健身过程是不间断地进行学习、健身、信息反馈、修正调整的动态系统，而不管是哪个环节存在问题，都会对健身活动的开展产生制约，常常会出现学生离开体育健身活动的情况，没有深刻认识到学生体质测试评价的重要性是大学生体质水平下降的关键因素之一。把测试的证明功能摆在过高位置、不积极向学生提出反馈信息以及切实可行的健身指导意义的评价方式，显然对培养学生的健身意识和健身习惯是有负面作用的。

长时间以来，传统的高校体育教学工作没有密切关注学生的体质信息分析、体质信息反馈，也没能提供针对性强的健身运动处方，更没有联系学生体质来给出针对性强的运动处方反馈，最终出现了健身系统脱节的问题。而信息化教学就是要应用现在已经基本普及的高校校园计算机网络，沟通学生、体质评价信息和教师之间的联系，从而更好地为大学生的科学健身服务。

测试资料的收集、整理和保存系统实现了学生的各项测试成绩和登记卡的电子化信息管理，整理保存学生历年的测试数据，是大学生体质健康状况的追踪调查研究的宝贵资料。同时，建立实现学生的各项测试结果、评价等级的网络化查询体系，在校园网信息发布系统上，大学生可以随时查阅自己的评价等级、各项测试数据。

组织测试是学校实施标准工作中相对复杂的一个环节，体育教师要想获得准确、客观的学生原始数据，就必须对组织测试环节进行正确的处理与解决。详细来说，组织测试往往由测试时间安排、测试人员培训、场地器材与仪器的准备、场地器材与器材的安全策略等很多个问题组成；体育教师充当主测者角色，在测试尚未开始时就需要做好思想准备和测试条件的准备。准备内容包括领会文件精神、全面掌握测试项目内容以及测试仪器性能，全面掌握测试手段以及使用过程中的熟练操作，保证场地准备到位、器材准备到位，这些方面的准备对最终的测试结果有着直接影响。

因此，高校要想保证测试的顺利实施，就一定要制定定期培训测试人员的制度。学校组织教师对体质健康知识方面的进行培训，组织教师参加体质健康知识方面和对仪器操作方面的培训；学校应对学生进行安全教育，一是要对学生日常的体育锻炼提出安全要求，防止伤害事故的发生；二是测试前要检查并了解学生的身体健康情况，有病或身体状况不好的学生不得参加测试；三是测试前要检查场地器材是否符合安全要求；四是测试前要给学生讲清测试细则和安全要求，使其引起重视；五是体育教师在上课时对学生进行宣传必须要结合学生体育活动的特色，注重标准宣传工作的多样性，向学生进行经常性的宣传教育，深入进行思想发动，帮助学生了解健康的意义和锻炼目的。要让学生了解实施标准的目的是促进他们加强锻炼，提高体质健康水平。由此可知，学校应当在宣传方面投入更多精力，以实现课内和课外相互呼应的目标，有针对性地进行标准宣传。根据标准的实施要求，应密切联系体质测试项目的实际情况，在高校中举办娱乐性与观赏性的趣味运动，促使学生在娱乐过程中认识到测试的重要性。让学生亲身感受到运动前和运动后的身体机能变化，由此实现主动宣传。

高校和体育教师应当采取多种方式来充分发挥学校各类资源的作用，真正落实好宣传工作，保证学生深刻认识到测试的重要性，如此才能使测试在学校顺利推广。标准的测试结果和评分成绩，不只是检验标准实施效果的关键性指标,还是追求调查研究学生身体状况的珍贵资料。体育锻炼管理系统能够在最佳时间段内完成评价以及统计分析,进而准确找出问题,有效归纳经验,制定出切实可行的策略,对增强学生体质健康的方法展开深入研究,最终促使高校体育更加科学化。

大学生积极评价自身体质健康情况,有助于学生对健康形成崭新的认识,构建出与现代社会发展走向适宜的体质健康理念,推动学生明确深刻认识到身体成分、身体形态、机能、基础素质、运动素质是决定人类健康水平的关键性因素,有利于帮助与督促学生建立并实现健康目标,有利于其科学地、综合地自我评价自身体质健康状况。通过学生端平台的信息反馈,大学生自身体质健康状况的监控和及时反馈又能激发他们自觉主动参加体育锻炼,培养终身追求健康生活方式的行为及习惯。学生端平台如表 5-21 所示。

表 5-21 学生端平台

项目	具体描述
更改密码	登录用户修改登录密码
学生基本信息查询	显示学生的基本信息
查询体育锻炼基本信息	查询学生单项体育锻炼次数,并显示每次登记的具体信息
查询健康测试成绩	查询学生健康测试成绩,并显示具体的测试成绩信息
查询健康测试历年成绩	查询学生健康测试历年成绩,并显示具体的测试成绩信息
查询体育考试成绩	查询学生体育考试成绩
查询体育考试历年成绩	查询学生体育历年考试成绩
学生网上选课	学生选择体育班
学生网上评价	学生有条件对体育班或俱乐部的老师和教学情况进行评价
学生健康测试预约	学生可以预约进行健康测试
学生体育理论考试	网上参加考试
查询体育理论考试	学生对自己的成绩进行查询

在不同方面的教学条件和训练条件的制约下,当前体育教师无法针对

每名学生都制定出详细的运动处方来,但体育任课教师和学生可以在健康测试的测试平台窗口全面了解自身的体质水平,保证各项措施的针对性和实效性,尤其是要针对学生的体质情况制订出切实有效的学习计划和训练计划,从而为获得预期教学效果提供保障。

贯彻并落实"以人为本"的时代精神,要把灵活性与资源性摆在关键位置。因为高校体育教学信息化系统表现出了多媒体化和信息的可扩充化,为学生脱离以往的被动接受式学习方式提供了条件,使学生能够自觉建构知识体系,能够在多种环境与多种条件下探索性地学习体育基本知识和运动技术,充分凸显出学生在教学过程中的主体地位。

除此之外,高校体育教育还提出了实现人才多样化的目标。要培养信息时代所需的人才,就迫切需要合作化的体育教学方式。在合作化的体育教学方式中,学生学习的进步不仅来自体育教师,也来自学生间的相互帮助和纠正错误动作。随着教育信息化的进一步发展,在传统教学环境下难以开展的研究性学习、发现式学习等会再度兴起,尤其是以学为中心的各种教学模式将会被广泛认同。教学过程中"教"的单极化走向合作化,新时代教育模式以人才多样化培养为目标,注重目标管理,同时注重个性化的培养。❶

---

❶ 马腾,孔凌鹤.现代体育教学改革与信息化发展研究[M].北京:中国商业出版社,2018.

参考文献

[1] 陈炜，黄芸. 体育教学与模式创新 [M]. 北京：光明日报出版社，2016.

[2] 陈轩昂. 新时期高校体育教学的改革与发展 [M]. 北京：航空工业出版社，2019.

[3] 戴信言. 高校体育教学多种模式的探索 [M]. 北京：中国原子能出版社，2016.

[4] 冯渭宏，王霞. 体育课程教学模式与改革探索 [M]. 长春：吉林出版集团股份有限公司，2019.

[5] 龚坚. 现代体育教学论 [M]. 重庆：西南大学出版社，2009.

[6] 胡建文. 信息技术与高效体育教学模式融合研究 [M]. 长春：吉林出版集团股份有限公司，2021.

[7] 马波. 现代教育理念下体育教学的发展和探索 [M]. 北京：中国商务出版社，2016.

[8] 马腾，孔凌鹤. 现代体育教学改革与信息化发展研究 [M]. 北京：中国商业出版社，2018.

[9] 任婷婷. 高校体育教学管理改革与模式构建 [M]. 长春：吉林大学出版社，2017.

[10] 时保平. 健康、传承、弘扬大学体育武术教育教学模式多元化构建研究 [M]. 成都：四川大学出版社，2019.

[11] 田庆柱. 新媒体视阈下体育教学模式创新研究 [M]. 长春：吉林大

学出版社，2020.

[12] 王刚，张德斌，崔巍. 体育教学管理与模式创新［M］. 延吉：延边大学出版社，2019.

[13] 王慧. 现代教育理念下的高校教育教学管理研究［M］. 北京：化学工业出版社，2021.

[14] 夏越. 现代高校体育教学研究［M］. 北京：北京理工大学出版社，2019.

[15] 许肇超，刘宝林，邱志坚. 现代教育理念与教学管理研究［M］. 长春：吉林出版集团股份有限公司，2017.

[16] 闫加飊，苏济海，范立. 体育教学课程实施模式研究［M］. 西安：西北工业大学出版社，2022.

[17] 杨乃彤，王毅. 高校体育教学创新及运动教育模式应用研究［M］. 北京：九州出版社，2019.

[18] 岳若惠. 现代教育理念下的高校教育教学管理［M］. 杨凌：西北农林科技大学出版社，2013.

[19] 包呼和. 基于创新教育理念的高校体育教学方法研究［J］. 青少年体育，2015（5）：30-31.

[20] 曹智. 高校体育专业篮球教学方法多元化应用研究［J］. 健与美，2022（6）：97-99.

[21] 陈彬. 体育课程改革背景下高校体育教学方法创新策略［J］. 当代体育科技，2018，8（19）：133，135.

[22] 陈军. 高校体育教学方法对学生体育参与的影响［J］. 鸭绿江（下半月版），2015（11）：289.

[23] 陈利峰. 高校体育舞蹈教学方法体系研究［J］. 山西青年，2021（2）：122-123.

[24] 陈日响. 高校体育教学教改对提高学生体质落实的方法探讨［J］. 新体育，2021（10）：86-90.

[25] 陈晓佩. 基于课改背景下的高校体育教学方法研究 [J]. 拳击与格斗, 2020 (8): 94-95.

[26] 陈影红, 张敏. 体育课程改革背景下高校体育教学方法创新策略研究 [J]. 运动, 2018 (15): 87-88.

[27] 程建琴, 郝博文, 李秀芬. 高校体育教学方法探究 [J]. 冰雪体育创新研究, 2020 (24): 45-46.

[28] 段长波. 网络发展背景下的高校体育教学方法创新思考 [J]. 当代体育科技, 2018, 8 (19): 128-129.

[29] 房志翔. 探析高校体育教学方法与改革 [J]. 中国校外教育, 2012 (25): 160.

[30] 高延军. 新时代高校体育教学方法的创新研究 [J]. 当代体育科技, 2019, 9 (20): 54-55.

[31] 高瑜. 高校体育教学内容与方法的创新策略分析 [J]. 当代体育科技, 2020, 10 (5): 137, 139.

[32] 关涛. 高校体育课程改革中体育教学方法的选用 [J]. 科技信息, 2010 (18): 252.

[33] 郭晓伟. "互联网+" 背景下高校体育教学方法研究 [J]. 体育风尚, 2018 (10): 147.

[34] 韩伟伟. 创新体育教学方法, 提高体育课堂教学效率 [J]. 家长, 2022 (1): 55-57.

[35] 韩晓虎. 高校体育教学改革中融合拓展训练课程的方法研究 [J]. 体育视野, 2021 (14): 39-40.

[36] 何冰. 浅析高校体育教学方法的改革 [J]. 科技资讯, 2013 (7): 207.

[37] 黄金玲. 体育课程改革背景下高校体育教学方法创新策略分析 [J]. 运动, 2017 (24): 74-75.

[38] 贾锦山. 影响高校体育教学方法创新的主要原因与相关对策 [J]. 湖

北函授大学学报，2017，30（6）：119-121.

[39] 蒋米雪．基于创新教育理念下体育教学方法的实施［J］．冰雪体育创新研究，2022（8）：134-136.

[40] 金光珠．试论高校体育教学方法的创新［J］．文体用品与科技，2015（12）：66-67.

[41] 雷耀方．高校体育教学方法存在问题及对策的浅析［J］．武魂，2013（7）：151，161.

[42] 黎翔宇，万星．高校体育课堂教学评价方法探究［J］．冰雪体育创新研究，2020（20）：35-36.

[43] 李金钟．高校体育教学方法实施与创新研究［J］．体育视野，2021（4）：29-30.

[44] 李志斌．"互联网+"背景下高校体育教学的创新方法［J］．冰雪体育创新研究，2021（8）：88-89.

[45] 连玉龙．浅谈高校体育教学方法实施及创新研究［J］．才智，2017（27）：164.

[46] 刘二侠．浅谈高校体育教学方法的创新［J］．时代教育，2018（13）：146.

[47] 刘佳．基于快乐教学理念的高校体育教学方法研究［J］．新课程学习（中），2012（11）：138.

[48] 刘荣江．基于高校体育教学中篮球体能训练的技巧与方法分析［J］．冰雪体育创新研究，2020（24）：17-18.

[49] 刘文．高校体育课程线上教学体系、内容和方法研究［J］．黑龙江科学，2021，12（5）：120-121.

[50] 刘瑜．体育教学方法的改进与创新措施探索［J］．冰雪体育创新研究，2021（22）：115-116.

[51] 刘子奇．浅析高校体育教学方法的创新与实践［J］．文体用品与科技，2016（2）：125，128.

[52] 龙专.基于创新教育理念的高校体育教学方法与理论研究[J].教师,2015(23):54.

[53] 卢臣.体育课程改革背景下高校体育教学方法创新策略研究[J].中小企业管理与科技(中旬刊),2017(11):108-109.

[54] 卢青,张建萍.高校体育教学方法与内容的关系研究[J].中国成人教育,2015(5):148-150.

[55] 卢小琼.基于快乐体育理念的高校体育教学方法研究[J].休闲,2018(10):98-99.

[56] 路毅,蹇晓彬.体育课程改革背景下高校体育教学方法创新策略研究[J].体育风尚,2018(11):176.

[57] 罗诚.浅析高校体育教学方法理论跟实践结合的研究[J].科教文汇(下旬刊),2014(7):87,103.

[58] 罗家弘,何寄峤.浅谈高校体育教学方法的改革途径[J].才智,2015(28):45.

[59] 吕艳丽.高校体育教学中核心力量训练的运用现状与方法研究[J].当代体育科技,2019,9(36):15-16.

[60] 吕园欣.浅析体育教师的现代教育理念与知识能力结构[J].南京体育学院学报:自然科学版,2014,13(5):4.

[61] 穆飒.论高校创新型体育教师人格品质及知识能力的培养[J].教育与职业,2010(36):84-85.

[62] 穆飒.论高校创新型体育教师人格品质及知识能力的培养[J].教育与职业,2010(36):84-85.

[63] 彭恩.高校体育教学多元化教学方法初探[J].运动,2017(24):76,26.

[64] 任红桦.高校体育教学方法对大学生体育锻炼的影响效果分析[J].陕西教育(高教),2016(12):53,55.

[65] 宋骞.高校体育教学方法的改革探究[J].当代体育科技,2014,4

(21)：63-64.

[66] 苏仪宣. 高校体育教学方法创新路径研究 [J]. 内蒙古财经大学学报, 2021, 19 (4)：61-63.

[67] 孙帅. 创新高校体育教学方法的对策探讨 [J]. 长春理工大学学报, 2011, 6 (4)：187-188.

[68] 唐凤成. 高校体育教学方法的创新与实践 [J]. 科教导刊（上旬刊）, 2015 (10)：108-109.

[69] 唐丽军. 高校体育思政课的教学方法与艺术 [J]. 科学咨询（教育科研）, 2021 (1)：86.

[70] 滕守峰. 高校体育教学方法研究综述 [J]. 辽宁高职学报, 2018, 20 (10)：70-71, 109.

[71] 王丽娜. 现代信息技术与高校体育教学改革方法探究 [J]. 数码世界, 2020 (10)：141-142.

[72] 王莉敏, 王勇. 关于高校体育舞蹈课程多元化教学方法的思考 [J]. 冰雪体育创新研究, 2021 (14)：99-100.

[73] 王美莲. 因材施教理念下高校体育教学新方法探讨 [J]. 青少年体育, 2016 (2)：73-74, 70.

[74] 韦洪雷. 体育课程改革背景下高校体育教学方法创新策略构建分析 [J]. 文体用品与科技, 2015 (22)：124, 129.

[75] 谢谊. 浅谈高校体育教学方法的改革途径 [J]. 才智, 2015 (31)：40.

[76] 许朝洲. 创新教育理念下的高校体育教学方法理论与实践 [J]. 文学教育（中）, 2014 (6)：144.

[77] 杨超智, 高志丽. 体育课程改革背景下高校体育教学方法创新策略分析 [J]. 文体用品与科技, 2018 (17)：101-102.

[78] 余腾飞. 浅析新时期高校体育教学方法的不足及解决方案 [J]. 明日风尚, 2018 (18)：135.

[79] 袁立安．高校体育教学方法实施及创新研究［J］．体育世界（学术版），2017（5）：97，99．

[80] 苑琳琳．新时代高校体育教学方法创新［J］．新课程研究，2021（6）：62-63．

[81] 张丹．体育课程改革背景下高校体育教学方法创新策略研究［J］．运动，2016（5）：66-67．

[82] 张焕．高校体育教学方法存在问题及对策的浅析［J］．文体用品与科技，2014（2）：145．

[83] 赵博．对高校体育教学方法的探讨［J］．科学中国人，2015（15）：292．

[84] 赵坤．新时代高校体育教学方法的创新策略——评《高校体育教改革研究》［J］．热带作物学报，2021，42（5）：1557．

[85] 郑敏．体育课程改革背景下高校体育教学方法创新策略分析［J］．休闲，2018（11）：171．

[86] 钟伟志．高校体育教学方法与创新教育的探讨与研究［J］．科教文汇（下旬刊），2013（5）：100-101．

[87] 朱轶龙．体育课程改革背景下高校体育教学方法创新策略分析［J］．体育风尚，2018（2）：126-127．

[88] 左雪楠．高校体育在线教学方法的创新研究［J］．新课程教学（电子版），2021（4）：17，53．